PROJET DE LOI

SUR LA

REFORME HYPOTHECAIRE

PROPOSÉ PAR

J. F. REYRAUD, Notaire, à Villeneuve-de-Berg

Mai
1850.

Aubenas. Imprimerie-Typographique de R. D. BONNEFOY

PROJET DE LOI

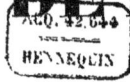

SUR LA RÉFORME HYPOTHÉCAIRE,

PROPOSÉ PAR

L. E. HEYRAUD, Notaire à Villeneuve-de-Berg (Ardèche)

AUBENAS,

IMPRIMERIE DE H.-D. BONNEFOY.

1850.

PROJET

De Réforme du Régime Hypothécaire et de Réunion dans un même Bureau par canton, de l'Enregistrement des Hypothèques et du Cadastre.

INTRODUCTION.

L'HYPOTHÈQUE tire son origine, comme l'exprime le mot *(hupo-thesis, dessus-position)*, d'un signal ou poteau que le créancier plaçait anciennement sur le champ de son débiteur, indiquant la créance et le nom du créancier. Cette coutume passa des Grecs chez les Romains qui conservèrent même le nom donné à ce symbole. En France, le même usage a aussi existé, mais seulement pour indiquer que l'on poursuivait l'expropriation de l'immeuble sur lequel on avait placé des brandons. L'huissier devait même en faire mention dans son verbal de saisie. *(Loyseau, Traité des hyp., chap. 1ᵉ)*

Ce mode, tout grossier et tout impraticable qu'il serait aujourd'hui, peut en suggérer un autre qui ne serait que la figure du premier, mais qui serait infiniment plus avantageux aujourd'hui surtout que chaque parcelle de terrain est fidèlement représentée sur un très-petit espace, l'on veut dire sur les plans cadastraux.

L'on n'a pas pour cela, l'intention de proposer que ces plans soient altérés par des signes ou indications qui annoncent que l'immeuble qu'ils représentent est devenu la propriété ou le gage d'une autre personne. Mais rien de plus facile que de faire servir à cet usage les livres cadastraux, en ajoutant aux énonciations qui y figurent pour chaque parcelle, et dans une colonne séparée, les numéros du livre hypothécaire où ont été portées les inscriptions qui se rapportent à cette parcelle, afin de pouvoir y recourir au besoin. Rien n'empêche de porter à la même colonne réservée, les n⁰ˢ du livre hypothécaire se rapportant à des mutations immobilières, et dès lors les livres cadastraux procureront l'immense avantage de faire connaître en peu d'instans l'historique de la propriété dont ils deviendront en quelque manière l'Etat civil. Les écritures dans les actes d'aliénation, pour établir l'origine de la propriété, en seront considérablement diminuées, puisqu'en y désignant un immeuble par ses indications cadastrales l'on désignerait par là tous les renseignemens portés aux livres cadastraux, concernant cet immeuble.

Pour obtenir ce résultat, il est évident qu'il faudrait réunir dans le même bureau les hypothèques et le cadastre ; et, puisqu'on reconnait la nécessité de donner en France une plus grande extension au crédit Foncier et que ce crédit ne peut dériver que d'une plus grande publicité à donner aux actes ayant trait à Mutation immobilière, Privilège ou Hypothèque, quoi de plus simple que chaque canton ait son bureau d'Enregistrement et sa Conservation des Hypothèques et du Cadastre ?

Mais, ce serait peu faire pour les contribuables, de supprimer un fonctionnaire par arrondissement pour le remplacer par un autre dans chaque canton. Si l'on considère que l'Enregistrement, les Hypothèques et le Cadastre ont un but commun, celui de faire connaître soit au Public, soit aux employés pour la perception des revenus de l'Etat, les diverses mutations ou modifications que subissent les propriétés immobilières et les charges qui la grèvent, il est permis de proposer de les réunir en un seul bureau par canton. Ces trois bureaux de formalités, au lieu de s'exclure, ne peuvent que se prêter secours mutuellement tant dans l'intérêt du Fisc que dans celui des particuliers. Dans l'intérêt du Fisc, puisque les mutations secrètes seraient découvertes par la comparaison des Mutations Cadastrales avec les livres d'Enregistrement ; et les fausses évaluations, par leur comparaison avec celles données dans des actes antérieurs aux mêmes parcelles d'immeubles, et des annotations portées en face de ces parcelles dans les livres cadastraux. Par là, cet impôt étant plus équitablement réparti, il serait possible d'en diminuer le tarif.

La réunion en un seul bureau par Canton, de l'Enregistrement, des Hypothèques et du Cadastre, ne serait pas moins avantageuse aux particuliers et parconséquent au crédit foncier, à cause d'une plus grande facilité et d'une plus grande célérité dans l'accomplissement des formalités hypothécaires et autres qui sont la suite des mutations immobilières.

Rien ne peut mieux faire sentir la nécessité d'une réforme dans le régime hypothécaire, que de signaler ici les principaux inconvéniens qui résultent du régime actuel.

1° Pour opérer définitivement une mutation immobilière, il faut recourir à trois bureaux différens presque toujours assez éloignés les uns des autres. Par suite, si l'on ne se décide pas à renoncer aux formalités hypothécaires, la transcription et l'inscription de Privilège ne peuvent souvent être requises que plusieurs jours après l'enregistrement de l'acte de mutation, son expédition ne pouvant être délivrée avant cette dernière formalité ; et finalement, pour opérer la mutation cadastrale, il faudra encore recourir à un autre employé,

2° Un certificat négatif d'inscription ne prouve pas toujours qu'il n'en existe aucune, à cause de l'intervalle de temps écoulé, quelque diligence que l'on y apporte, entre le moment de sa délivrance et celui où l'on en fait usage.

3° De deux hypothèques consenties le même jour, sur le même immeuble, l'une prime souvent l'autre, à cause d'une moindre distance ou de moindres obstacles à franchir pour arriver au bureau de conservation et par suite la préférence qui en résulte devient le prix de la course.

4° Si l'on veut connaître toutes les inscriptions qui grèvent un immeuble, il faut nécessairement indiquer au conservateur les noms de tous ceux qui l'ont possédé depuis un temps donné, ce qui n'est pas toujours facile, la transcription des contrats intermédiaires n'étant pas exigée, mais seulement celle du dernier contrat. *(cass*ᵒⁿ *29 juin et 13 x*$_{bre}$ *1813 et 14 janvier 1818)*. L'on est obligé ordinairement de s'en rapporter à la déclaration de celui qui désire aliéner ou hypothéquer et qui a le plus d'intérêt à dissimuler ces inscriptions.

L'on a beau dire que si le dernier possesseur a eu soin de faire transcrire son titre, il suffira de remonter à 10 ans, la prescription étant opposable aux hypothèques antérieures (ART. 2180 c. c.). Mais il peut se trouver des mineurs intéressés auxquels la prescription n'est pas opposable. L'art. 834 du code de pr. civ. autorise l'inscription dans la 15ᵐᵉ de la transcription : si des ventes intermédiaires n'ont pas été transcrites, les créanciers de ces acquéreurs intermédiaires ne pourront-ils pas se plaindre de n'avoir pas eu connaissance, par la transcription, de l'aliénation faite par leur débiteur, de l'immeuble qui fesait leur gage?

5° En supposant que l'on ait parfaitement désigné au conservateur les noms de tous les anciens possesseurs, l'on n'est pas sûr d'avoir aussi bien désigné l'immeuble dont on veut connaître les charges hypothécaires. Chacun a pu reconnaître par expérience qu'un même immeuble ou que le quartier de la commune où il est situé porte presque toujours plusieurs noms ; qu'il est rare aussi que les confronts ne soient pas erronés. Si l'immeuble a été vendu sous un nom et que les inscriptions aient été prises sous un autre, l'on obtiendra un certificat négatif qui induira en erreur. Il en sera de même si les noms ou prénoms des parties sont mal indiqués. Ces erreurs sont de tous les jours et donnent lieu à une foule de procès.

6° Admettons encore que l'on connaisse parfaitement les hypothèques inscrites sur un immeuble. La difficulté sera de bien connaître les hypothèques légales dispensées d'inscription. Elles peuvent avoir plusieurs origines ; exister sur le même immeuble, mais sur des têtes différentes. A la vérité, on peut les purger, même celles inconnues, en suivant les formalités indiquées par l'avis du couseil d'Etat du 9 mai–1ᵉʳ juin 1807. Mais, que du temps perdu, que de frais inutiles, le plus souvent sans profit pour personne, sauf pour les gens d'affaires, et sans que la loi ait même prévu à la charge de qui ces frais doivent rester ! Il est rare, en effet que la purge d'hypothèque légale soit suivie d'inscription, trop de personnes étant appelées par la loi à y concourir. Mieux eût valu mettre cette inscription à la charge et sur la responsabilité d'une seule personne ; ou bien, au lieu d'autoriser la purge des hypothèques légales, ne permettre que leur réduction, en vertu des articles 2143 et 2144 c. c.. à des biens suffisans pour répondre de ces hypothèques. Du moins, l'hypothèque légale n'eût pas été menacée d'une disparition totale ; et d'ailleurs, outre que les frais d'un jugement qui ordonne la réduction sont une fois faits, ils sont moins coûteux que ceux qu'entraînent les nombreuses formalités de purge.

7° Enfin, supposons qu'un acquéreur se soit conformé strictement à toutes les prescriptions de la loi pour les formalités hypothécaires, il court encore la chance d'être évincé par une action résolutoire ou par un acquéreur précédent qui n'aurait pas même fait connaître son titre par la voie de la transcription; puisque cette formalité n'est de rigueur à l'égard des tiers, que pour les donations (*Art.* 941 c. c.).

Sans citer bien d'autres dangers ou inconvéniens, en voilà bien assez pour faire naître des inquiétudes, des doutes qui déconcertent bien souvent, pour peu que l'on connaisse de dérangement dans les affaires d'un vendeur ou d'un emprunteur. L'on ne se décidera bien souvent à acheter que par l'appât d'un bon marché soit volontaire, soit par suite d'une expropriation forcée. Il ne faut donc pas s'étonner des difficultés qu'éprouve celui qui est dans la dure nécessité de vendre, et du nombre toujours croissant des expropriations.

Tous les inconvéniens que l'on vient de signaler ne dérivent que de trois causes qu'il serait bien facile de faire disparaître :

1° L'éloignement des Bureaux de conservation des hypothèques,

2° Le manque d'uniformité dans la désignation des immeubles,

3° De ce qu'on n'avait pas encore trouvé le moyen de donner aux immeubles une existence en quelque sorte personnelle, indépendante de celle de leur possesseur quel qu'il fût, et qu'au lieu de rattacher le crédit foncier au fonds lui-même qui est immuable, on le fait dériver de son possesseur qui est essentiellement variable.

Au lieu de demander l'état des inscriptions sur un vendeur ou un emprunteur, s'il était possible de le demander sur l'immeuble dont on veut accepter la vente ou l'hypothèque, il serait bien plus facile de désigner au Conservateur cet immeuble, en s'aidant au besoin de la matrice cadastrale et des plans cadastraux, que de lui désigner les noms, prénoms, profession et domicile de tous ceux dont cet immeuble a pu être la propriété.

Or, voici en abrégé en quoi consisterait le nouveau système :

1° Supprimer les bureaux d'arrondissement, et réunir dans un même bureau par canton, l'Enregistrement, les Hypothèques et le Cadastre, sous l'administration d'un Receveur-conservateur. Charger cet employé, à fur et mesure des demandes ou réquisitions, d'enregistrer les actes, de remplir les formalités hypothécaires et de procéder aux mutations cadastrales lorsqu'il y a lieu ;

2° Exiger que dans les actes civils et judiciaires, les immeubles soient désignés au moins par leur cinq indications cadastrales qui sont : le nom de la *commune* où ils sont situés, celui de leur *section*, leur *numéro* dans ces sections. le nom de leur *quartier* ou lieu-dit, enfin leur *nature* de culture.

3° Etablir que les Priviléges et Hypothèques ne pourront résulter que *d'actes notariés* ou de jugemens et que l'on ne pourra opposer à des tiers, ni les actes ayant trait à mutation immobilière en la forme privée ; ni les mutations, priviléges ou hypothèques dont l'insertion n'aurait pas été faite dans les livres hypothécaires. Par suite. transcription de tous les actes translatifs ou déclaratifs de propriété et plus d'hypothèques occultes dont l'inscription serait laissée aux soins et sous la responsabilité d'une seule personne, *celle qui se libère de la somme donnant droit à l'hypothèque légale.*

4° Autoriser les parties à faire procéder aux formalités hypothécaires et mutations cadastrales, si elles le désirent, en même temps qu'à celle de l'Enregistrement et sur la simple présentation de la minute de l'acte qui donne lieu à la mutation, privilége ou hypothèque.

5° Laisser subsister le mode actuel de formalités hypothécaires, mais y ajouter pour toute innovation, l'obligation imposée au Receveur–conservateur de porter aux livres cadastraux, dans une colonne destinée à cet effet, et vis–à–vis des parcelles objet de la Mutation, du Privilége ou de l'Hypothèque, les nᵒˢ des livres hypothécaires où ont été portées les Transcriptions ou Inscriptions se rapportant à ces parcelles. Inutile parconséquent de s'informer des noms de tous les anciens propriétaires de l'immeuble et de toutes les indications se rattachant à l'origine de la propriété. Il suffirait de désigner au Receveur-conservateur l'immeuble par ses indications cadastrales, pour que cet employé pût indiquer de suite tous les anciens possesseurs de cet immeuble, toutes les charges qui le grèvent et même toutes les conventions dont il a été l'objet depuis un temps donné.

Les vices d'une loi sont faciles à signaler, mais la difficulté est d'en faire une bonne qui les fasse disparaître sans en créer d'autres. Je n'ai pas la témérité de croire que j'ai atteint complètement ce but dans le système que je propose ; mais, je m'estimerai heureux si l'on y trouve quelques bons matériaux pour l'édifice devenu indispensable que l'on se propose d'élever en ce moment.

DIVISION.

Le projet de loi est divisé en quatre parties :

La Première traite de *l'organisation des bureaux*, des *fonctionnaires* et de leurs *attributions*.

La Seconde est le nouveau titre 18 du code civil, sur les *Priviléges et Hypothéques.*

La Troisième est le nouveau titre 4, livre 1ᵉʳ, 2ᵉ partie du code de Procédure civile, sur la *surenchère à suite d'aliénation volontaire.*

La Quatrième contient les *dispositions transitoires.*

Le projet de loi est suivi d'une dernière partie, contenant l'exposé des motifs sur les principales modifications proposées, et est terminé par un tableau de concordance des articles des Codes avec ceux du projet.

PROJET DE LOI

Réunissant en un seul Bureau par canton, l'Enregistrement, les Hypothèques et le Cadastre.

Ire PARTIE DE LA LOI.

ORGANISATION.

CHAPITRE 1^r.

Des Receveurs-conservateurs et de leurs opérations.

ART. 1. Les Receveurs d'Enregistrement seront également Conservateurs des Hypothèques et du Cadastre, dans l'étendue de leurs bureaux respectifs.

Ils prendront le nom de Receveurs-conservateurs.

ART. 2. Ils sont seuls chargés, sur les réquisitions qui leur sont faites par les parties intéressées, de donner aux actes civils et judiciaires ayant trait à Mutation immobilière, Privilége ou Hypothèque, la publicité que la loi exige pour les rendre opposables à des tiers.

Cette publicité est donnée dans les livres Hypothécaires et les livres Cadastraux. Ces livres sont appelés *Livres de Publicité*.

Les livres Hypothécaires sont au nombre de deux : l'un est destiné à l'insertion des actes ayant trait à mutation immobilière et est appelé *Livre-de-Transcription*. L'autre est destiné à l'insertion des Priviléges et Hypothèques et est appelé *Livre-des-Inscriptions*.

Les *Livres Cadastraux* sont aussi au nombre de deux : l'un contient par ordre tous les n^{os} des parcelles cadastrales d'une même section et est appelé *Etat-de-section*. L'autre contient dans des cotes ou articles séparés, les parcelles cadastrales appartenant à la même personne et est appelé *Matrice-Cadastrale*.

La manière de donner la publicité aux actes sus énoncés est indiquée et détaillée à l'art. 2146 du code civil (*celui du projet*).

ART. 3. Les deux livres hypothécaires que chaque Receveur-conservateur sera obligé de tenir, porteront un n° d'ordre pour chaque insertion et seront, comme les registres de l'Enregistrement, arrêtés jour par jour.

Art. 4. Ne seront pas admis à l'Enregistrement ni aux formalités hypothécaires, les actes civils ou judiciaires désignant nominativement des immeubles, de même que les réquisitions aux Receveurs-conservateurs pour obtenir ces formalités, telles que bordereaux d'inscriptions et autres, dans lesquels les immeubles ne seraient pas désignés au moins par leur *cinq indications cadastrales* qui sont :

1° La *Commune* où ils sont situés,

2° La lettre indiquant leur *Section,*

3° Leur *Numéro* dans ces sections, placés par séries pour un même ténement ; et si la parcelle est fractionnée, la contenance de la fraction précédée de son n° et de la particule *de,*.

4° Le nom de leur *Quartier,*

5. Leur *Nature* de culture indiquée sommairement pour tous les n°ˢ réunis d'un même ténement.

Les omissions dans les actes notariés peuvent être réparées par des actes supplémentaires.

Art. 5. Les réquisitions exigées par l'art. 2 et qui doivent précéder l'insertion dans les livres hypothécaires, seront conformes à ce qui est dit à l'art. 2141 et suivants du code civil.

Art. 6. La publicité sera donnée aux actes à fur et mesure de ces réquisitions, par les Receveurs-conservateurs, sous leur responsabilité personnelle et à peine des amendes prononcées par l'art. 2203 du code civil.

À cet effet, ils se conformeront à ce qui est dit à l'art. 2146 du même code, pour les insertions et annotations à faire aux livres-de-publicité, ayant pour but de faire connaître l'origine de la propriété et les charges qui la grèvent.

Ils pourront également faire, mais sur l'*État-de-section* seulement, les annotations qui auraient pour but de fournir des renseignemens sur la valeur des propriétés immobilières et aider à faire découvrir plus-tard les fausses évaluations.

Enfin, ils veilleront à ce que, dans le cas où il aurait été détaché d'une parcelle cadastrale, par suite d'aliénation, une ou plusieurs fractions, ayant chacune plus d'un hectare, elles soient désignées à l'encre rouge sur les plans cadastraux pas les géomètres du cadastre, dans les 30 jours au plus-tard qui suivront la transcription de l'acte de mutation.

Chacune de ces fractions portera à l'encre rouge le n° de la parcelle avec addition de *bis, ter, etc.*, et les mêmes répétitions auront lieu aux livres cadastraux, en la forme indiquée par l'art. 10.

Art. 7. Les déclarations de succession immobilière, continueront à être reçues sur un registre séparé et opéreront mutation définitive sur tous les immeubles dont la nue propriété n'aurait pas été transmise par indivis, ou sur lesquels l'indivision aurait cessé.

Enconséquence elles seront, de même que le testament, s'il y en a un, insérées au livre de Transcription, comme titres de propriété, et le n° d'ordre de ce livre porté aux livres cadastraux en la forme ordinaire.

Pour les immeubles sur lesquels il y aurait encore indivision, la même insertion sera faite au livre de Transcription, mais le n° d'ordre de ce livre ne sera porté à l'*État-de-section* que lors de l'enregistrement de l'acte ou du jugement qui feront cesser l'indivision. Jusques alors, ce n° d'ordre ne sera porté que sur la *Matrice-cadastrale*, à côté du nom du défunt avec cette addition : « *Echu par indivis à tels et tels, etc.* »

ART. 8. La radiation d'une inscription hypothécaire consistera :

1° En une réquisition en radiation, accompagnée du titre qui y donne lieu.

2° En la transcription sommaire de ce titre au livre hypothécaire destiné aux transcriptions.

3₀ En la mention au livre hypothécaire pour les inscriptions et en marge de l'article où avait été portée la réquisition de l'inscription, de ce qui suit : « *Inscription radiée en vertu de l'acte transcrit à n°...* » De plus, l'insertion de cette 1ʳᵉ réquisition sera bâtonnée ou croisée.

4° En la mention au deux livres cadastraux, et vis-à-vis des parcelles hypothéquées, du n° d'ordre du livre hypothécaire où a été transcrit l'acte qui donne droit à radiation.

Sur les deux livres cadastraux, le n° d'ordre du livre hypothécaire qui indiquait l'insertion de la réquisition tendant à inscription hypothécaire, sera couvert d'un petit trait. Il en sera de même de celui nouvellement inscrit, indiquant le n° du livre hypothécaire où a été transcrit l'acte donnant droit à radiation. Ces nᵒˢ couverts d'un petit trait, quoique indiquant qu'il n'y a plus lieu de s'en occuper, serviront néanmoins à rappeler au besoin l'*inscription* et sa radiation.

L'expédition du titre en vertu duquel a eû lieu la radiation sera retenue au bureau.

ART. 9. Les mutations sur les livres cadastraux ne pourront être requises, avant d'avoir requis l'*insertion* au livre hypothécaire ou la transcription du nouveau titre de propriété.

Lors de ces mutations cadastrales, les parcelles d'immeubles transportées d'une tête sur une autre dans la *Matrice-cadastrale* ne seront suivies, parmi les nᵒˢ des livres hypothécaires qui se trouvaient inscrits vis-à-vis de ces parcelles, que des suivants :

1° Pour les hypothèques, de ceux indiquant des inscriptions prises ou renouvelées depuis moins de 10 ans, ou ceux indiquant des inscriptions dispensées de renouvellement d'après l'art. 2156 du code civil modifié.

2°. Pour les mutations, ou autres indications, des nᵒˢ de celles seulement qui remontent à moins de 30 ans.

Sauf, pour les autres nᵒˢ des livres hypothécaires, à recourir à l'Etat-de-section dans lequel on continuera de porter sasn interruption, tous les nᵒˢ d'ordre des livres hypothécaires.

ART. 10. Pour distinguer entr'eux au 1ʳ coup-d'œuil, dans les deux livres cadastraux, et à la colonne reservée à cet effet, les nᵒˢ d'ordre des livres hypothécaires qui se rapportent à des indications d'une nature différente,

Ceux provenant du livre hypothécaire pour les transcriptions, ou indiquant des mutations immobilières, seront inscrits à l'encre noire.

Ceux provenant du livre hypothécaire pour les inscriptions ou indiquant des hypothèques, seront écrits en rouge. De plus, mais dans la matrice cadastrale seulement, ceux qui indiqueront des hypothèques sur des biens à venir, ou sur des biens présents et à venir, seront soulignés, une seule fois, si ces hypothèques ne sont pas dispensées de renouvellement et deux fois si elles en sont dispensées.

Ne sont dispensées de renouvellement, que les inscriptions énoncées à l'art. 2156 c. c.

Ces dernières indications particulières à la matrice-cadastrale sont pour prévenir le Receveur-conservateur que ces mêmes n^{os} doivent être portés vis-à-vis des nouvelles parcelles à fur et mesure qu'elles seront portées sur la même tête par suite de nouvelles mutations.

ART. 11. Lorsque sur les colonnes reservées à cet effet dans les livres cadastraux, il n'y aura plus de la place vis-à-vis une parcelle pour y insérer les n^{os} des livres hypothécaires, ou lorsqu'il aura été détaché de cette parcelle une ou plusieurs fractions ayant chacune plus d'un hectare, il y sera suppléé par un renvoi, savoir :

A la fin de la cote pour la Matrice-cadastrale ; et à la fin de la section pour l'Etat-de-section avec indication de la page où, dans ce dernier livre, cette continuation aura été portée.

ART. 12. Pour l'inscription des hypothèques de biens à venir sur la tête d'une personne qui n'en possède aucun présentement dans l'étendue du bureau où la formalité est requise, il lui sera créé à la Matrice-cadastrale une cote où, vis-à-vis les mots « *biens à venir* » l'on inscrira à la colonne reservée à cet effet, les n^{os} du livre hypothécaire.

ART. 13. Les droits sur les formalités hypothécaires seront perçus dans les bureaux de la situation des immeubles.

La quittance des droits mise au bas de la réquisition sera précédée de ce qui suit.

« *Transcrit*, ou bien *Inscrit au Livre-hypothécaire du canton de.... sous le n°.... avec mention de ce n° aux livres cadastraux de la commune de...., savoir : à l'Etat-de-Section page.... et à la Matrice-cadastrale, page....* »

En outre, s'il y a lieu à Mutation immobilière :

« *Fait d'office la Mutation sur la Matrice-cadastrale de la même commune, de la page..... à la page.....* »

Et, s'il y a des priviléges à inscrire :

« *Fait l'inscription d'office à n°....* »

ART. 14. Le 1^r de chaque mois, les Receveurs-conservateurs enverront au contrôleur des contributions directes de leur ressort, copie des mutations cadastrales opérées par eux pendant le mois précédent, afin de faire opérer les mutations des contributions foncières.

Les autres obligations des Receveurs-conservateurs sont réglées par les art. 2196 et suivants du code civil.

CHAPITRE 2.

Des Géomètres du Cadastre. (A)

ART. 15. Il y aura dans chaque Canton, un ou plusieurs Géomètres du Cadastre désignés par le Préfet du département, sur la présentation du Directeur du Cadastre. Leur nombre est fixé, pour l'étendue de chaque bureau, à raison de un par chaque 5000 habitans. La fraction de 3000 au moins autorisera le Préfet à nommer un Géomètre supplémentaire.

Après la transcription des actes contenant des mutations immobilières, ils seront tenus de faire sur les plans cadastraux les changemens et rectifications mentionnés à l'art. 6.

A cet effet, ils se transporteront sur les lieux pour faire la reconnaissance des parcelles fractionnées, lorsque ces fractions seront déclarées de plus d'un hectare.

Ils auront soin que les 1ʳˢ janvier et 1ʳ juillet de chaque année, les copies de plans et livres cadastraux déposés dans les communes, soient au courant de toutes les mutations qui auront précédé.

Ils assisteront le jury du Cadastre dans ses assemblées annuelles, chaque fois qu'ils en seront légalement requis.

Enfin, ils seront chargés aux époques périodiques fixées par l'art. 27, de faire le renouvellement des plans et livres cadastraux et d'en fournir une nouvelle édition dont la forme , à défaut de nouveaux réglemens, est indiquée par les art. 26 et 28.

Art. 16. En conséquence, les plans et livres cadastraux leur seront communiqués sur leurs réquisitions et sans frais, mais sans déplacer. Ils pourront en prendre telles copies que besoin sera, même faire aux parties sur leurs demandes, délivrance sous la forme de petit atlas ou autre, de la copie générale des parcelles les concernant.

Ces copies, pour être authentiques, seront accompagnées de l'extrait de la matrice cadastrale les concernant, de la date de leur délivrance ; et enfin, de la signature et du cachet du géomètre.

Art. 17. Ils pourront, à la volonté du Receveur-conservateur, mais sous sa responsabilité, être employés dans leurs bureaux et être chargés spécialement de la partie des mutations.

CHAPITRE 3.

Des Directeurs du Cadastre.

Art 18. Il y aura dans chaque arrondissement un Directeur du Cadastre.

Ses attributions consistent :

1º A veiller à la bonne tenue des plans et livres cadastraux,

2º A faire partie du jury du Cadastre,

3º A surveiller le renouvellement des plans et livres cadastraux, aux époques périodiques fixées par l'art. 27 ,

4º A présenter à la nomination du Préfet après examen ou concours, les Géométres du Cadastre.

CHAPITRE 4.

Du Jury du Cadastre.

Art. 19. Le Jury dont il est fait mention à l'article précédent sera composé pour chaque commune, de trois membres, savoir :

Du juge de paix du canton, ou l'un de ses suppléants, président,

Du directeur du cadastre,

Du maire de la commune, ou l'un de ses adjoints.

Un géométre du cadastre choisi par le préfet pour l'année entière, accompagnera le jury pendant tout le temps de ses opérations. Ses rapports pourront n'être qu'oraux, pourvu que ce soit séance tenante

ART. 20. Le greffier de la justice de paix remplira les fonctions de Greffier près du Jury dont les sentences en dernier ressort, seront rendues en la forme ordinaire des jugements et exécutés de même.

Elles seront déposées aux greffes des justices de paix.

ART. 21. Ce Jury se réunira les 1ʳ mars et 1ʳ septembre de chaque année et tiendra ses séances au chef-lieu de chacune des communes dont le maire en aura fait la demande au juge de paix un mois au moins, avant l'époque fixée pour la réunion du jury.

Il est chargé de décider :

1° Sur toutes les contestations de limites de quelle nature qu'elles soient. ; (B)

2° Sur l'identité des parcelles cadastrales comparées aux titres qui les concernent,

3° Sur les erreurs matérielles dans les plans et livres cadastraux.

4° Sur les demandes en dégrévement de contributions foncières basées sur le changement d'état de propriétés rurales, pour cause d'innondation, incendie, occupation de terrain et autres de force majeure.

ART. 22. L'instruction des affaires devant le jury, consistera :

1° En une requête au juge de paix, dispensée d'enregistrement et contenant l'exposé sommaire de la demande. Cette requête sera répondue à l'instant par une ordonnance mise au bas, indiquant les jour, lieu et heure de la comparution,

2° En la notification par huissier au défendeur, de la requête et ordonnance avec assignation de comparaître dans les délais ordinaires des citations devant le juge de paix.

Pourront, les parties, comparaître volontairement, comme aussi pourra, le juge de paix, délivrer des cédulles portant ordre de comparaître dans les 24 heures, et notifiées par le garde champêtre de la commune de la situation des immeubles, pourvu que le défendeur n'ait pas son domicile à plus d'un myriamètre du lieu où il doit comparaître et que la copie d'assignation ou de cédule aie été remise à lui-même.

Il en sera de même des témoins appelés devant le jury.

CHAPITTRE 5.
Des Plans et Livres Cadastraux.

ART. 23. Le Cadastre de la France continuera à être divisé par communes, chacune composée d'un plan à l'échelle de 1 à 2500 et de deux livres cadadastraux l'un appelé *Etat-de-section* et l'autre *Matrice-cadastrale*.

ART. 24. Les copies de plans et livres cadastraux que les Directeurs ont en dépôt en ce moment seront, dès la promulgation de la présente loi, transférés dans les bureaux d'enregistrement d'où ils dépendent et où les géomètres du cadastre s'occuperont

aussitôt de porter sur les plans les modifications actuelles résultant de mutations cadastrales déjà opérées, ou d'erreurs reconnues matérielles, ou enfin du changement
forcé de l'état des lieux et prévu par l'art. 21 n°s 3 et 4.

Ces modifications sur les plans ne seront faites par les géomètres qu'à l'encre rouge,
chaque nouvelle parcelle portant à la même encre le n° ancien auquel on ajoutera *bis, ter*,
etc., s'il s'agit d'un n° déjà bissé, l'on écrira les mots, *bis, ter, etc.*, autant de fois l'un
au-dessus de l'autre qu'il sera nécessaire.

Les n^{os} de nouvelle création sur des terrains qui n'étaient pas dans le commerce,
tels que, emplacemens d'anciennes routes ou chemins, places publiques, anciens cours
de fleuves ou rivières, etc., seront inscrits à l'encre rouge et seront la continuation
de la série de la section à laquelle ces n^{os} appartiennent.

ART. 25. Les parcelles ainsi modifiées ou rectifiées sur les plans seront inscrites dans
l'état-de-section à la suite de leur section et portées ensuite à la matrice cadastrale en la
forme ordinaire.

Les mêmes modifications seront faites par les géomètres sur la copie des plans et livres
cadastraux déposée dans les communes.

ART. 26. Ce travail ainsi terminé, sera envoyé au Directeur du cadastre qui fera
exécuter sous sa direction et surveillance et d'une manière uniforme, une nouvelle
copie ou édition des plans et livres cadastraux conforme aux nouvelles modifications,
avec nouvelle série de n^{os} indiquant de suite, autant que possible, ceux portés sur la même
tête et ne formant qu'un seul ténement.

ART. 27. Ces nouvelles modifications seront celles existant au 1^{r} juillet 1851.

Ces éditions seront ensuite renouvellées tous les 50 ans et l'on commencera aussi
une nouvelle série de n^{os} dans le livre-hypothécaire.

ART. 28. Pour la prochaine édition, les pages des livres cadastraux seront divisées
en colonnes d'après les modèles n° 1 et 2 annexés à la présente loi.

Cette division en colonnes ne diffère de l'ancienne que par ce qui suit :

Le recto de chaque feuillet est destiné à recevoir les annotations exigées par l'art.
2146 du code civil ; c'est-à-dire, les n^{os} des livres-hypothécaires se rapportant aux parcelles qui se trouvent vis-à-vis ces annotations.

Le verso de ces mêmes feuillets contient les indications ordinaires qui se trouvent
dans les livres cadastraux, avec simple addition de deux colonnes, l'une à la droite et
l'autre à la gauche de celle qui indique les n^{os} des parcelles. Celle à la gauche, est destinée
au n° que la parcelle vis-à-vis, portait dans l'édition précédente des livres cadastraux;
celle à droite, à recevoir plus tard le n° que cette même parcelle aura dans l'édition
qui suivra. Mais, afin d'éviter la confusion, ces deux colonnes supplémentaires porteront
leurs n^{os} écrits à l'encre rouge.

ART. 29. Le tout en double expédition sera envoyé dans les bureaux des receveurs-
conservateurs qui en feront parvenir une à chaque commune qu'elle concerne.

ART. 30. Les anciennes copies des plans et livres cadastraux continueront à être déposées l'une à la mairie de la commune et l'autre au bureau du receveur-conservateur d'où cette commune dépend. — Mais ainsi qu'il est dit à l'art. 26 , sur ces anciennes copies des livres cadastraux , il sera fait mention à l'encre rouge, vis-à-vis de chaque parcelle ancienne ou de sa fraction et sur la colonne supplémentaire placée à gauche, du nouveau n°, ou des nouveaux n°ˢ qu'elle porte dans les livres renouvellés.

Pareille mention sera faite aussi à l'encre rouge dans les livres nouveaux, sur la 1ʳᵉ colonne placée à gauche et vis-à-vis du n° nouveau, du n° ancien anquel il se rapporte dans l'édition précédente.

ART. 31. Il sera pourvu par une ordonnance, à la fixation du traitement des Receveurs-conservateurs, des Directeurs et Géomètres du cadastre ; comme aussi, des rétributions que les géomètres pourront exiger des particuliers ; enfin , à la forme des cachets de ces divers fonctionnaires.

2ᵐᵉ PARTIE DE LA LOI.

ART.
du
CODE
Civil.

ART. 32. Le Titre 18 du code civil, intitulé des *Priviléges* et *Hypothèques*, est remplacé par le suivant.

TITRE 18.

Des Priviléges et Hypothèques.

CHAPITRE 1ʳ.

Dispositions générales.

2092. Le privilége et l'hypothèque sont des gages accordés par la loi ou par un acte conventionnel, sur la valeur d'un objet appartenant à un débiteur, avec faculté au créancier de faire convertir judiciairement cette valeur en argent si elle ne l'est déjà, et la faire servir à l'acquittement d'une obligation.

2093. Le privilége peut être sur des meubles et des immeubles ; l'hypothèque ne peut comprendre que des objets immobiliers.

2094 (C). Le privilége et l'hypothèque sur les immeubles ou leur radiation, ne pourront résulter que d'un acte notarié ou d'un jugement.

Ne seront pas opposables à des tiers ;

1° Les actes ayant trait à mutation immobilière , en la forme privée sauf les testamens ,

2° Les mutations immobilières, les hypothèques et les priviléges sur les immeubles qui n'auraient pas été rendus publics au bureau d'où dépendent les immeubles, objet de l'hypothèque ou de la mutation, par leur insertion dans les livres-de-publicité à ce destinés , et de la manière indiquée par l'art. 2146, sauf ce qui est dit à l'art. 2106 pour les frais de justice et certains droits du trésor public.

2095 Enconséquence, chacun est censé posséder les immeubles dont la dernière mutation a été opérée sur sa tête dans les livres-de-publicité avec les seules charges hypothécaires y annotées, pourvu que cette mutation ait eû pour cause un titre va'able.

Est toujours censée résulter d'un titre valable, la mutation pour laquelle la prescription est acquise conformément à l'art. 2195.

2096. Les livres-de-publicité énoncés aux art. précé.lens, sont : les deux livres hypothécaires, l'un appelé *Livre-de-Transcription* et l'autre *Livre-des-Inscriptions:* et les deux livres cadastraux appelés , l'un *Etat-de-Section* et l'autre , *Matrice-Cadastrale.*

L'insertion se rapportant à la publicité d'une mutation immobilière est appelée *Transcription.*

L'insertion se rapportant à la publicité d'un privilége ou d'une hypothèque est appelée *Inscription.*

CHAPITRE 2.

Des Priviléges.

2097. Le Privilége est un droit que la qualité de la créance donne à un créancier, d'être préféré, dans la distribution du prix de certains meubles ou immeubles à d'autres créanciers même inscrits antérieurement, pourvu que l'on se soit conformé à la loi.

2098. Entre des créanciers priviléiés , *(C'est l'art. 2096).*

2099 Les créanciers , etc ,   *id.*   2097.

2092
2093
2094

2099

2127

2096
2097

SECTION 1re.
Des Priviléges sur les Meubles.

2100. Les Priviléges sont ou généraux, ou particuliers sur certains meubles.

§ 1.
Des Priviléges généraux sur les Meubles.

2101 (D). Les créances privilégiées sur la généralité des meubles sont celles ci-après et s'exercent dans l'ordre suivant : — 1º Les frais de justice pour arriver à la vente de l'objet pour lequel s'exerce le privilége ; — 2º Le Trésor public, pour arrérages de contributions de toute nature et pour une annuité échue et la courante seulement, sans préjudice des droits acquis à des tiers ; — 3º Les frais funéraires.

§ 2.
Des Priviléges sur certains Meubles.

2102. Les créances, etc. (C'est l'art. 2102)

SECTION 2
Des Priviléges sur les Immeubles.

2103 (E). Les créanciers susceptibles d'avoir privilége sur les immeubles, sont :

1º Le vendeur sur l'immeuble vendu, pour le payement du prix,

S'il y a plusieurs ventes successives dont le prix soit dû en tout ou en partie, le premier vendeur est préféré au second, le second au troisième et ainsi de suite ;

2º L'échangiste, sur l'immeuble qu'il a remis en échange, lorsqu'il a droit à une soulte ;

3º Le donateur, sur les immeubles donnés, pour l'acquittement des charges imposées au donataire, pourvu que chacune d'elles soit évaluée en argent dans l'acte de donation ;

4º Le copartageant ou colicitant sur les immeubles de chaque lot, ou sur le bien licité, pour les soultes et retour des lots, ou pour le prix de la licitation ;

5º Les créanciers et légataires sur les immeubles de la succession, à l'égard des créanciers des héritiers ou représentans du défunt ;

2104 (F). Le cessionnaire d'une créance privilégiée exerce les mêmes droits que son cédant, pourvu que la cession résulte d'un acte notarié ou d'un jugement.

2105. Est assimilé au cessionnaire, celui qui a fourni au débiteur les deniers pour l'acquittement de la créance privilégiée, même avant qu'elle existe, pourvu que la destination et l'emploi soient authentiquement constatés par l'acte d'emprunt de la part du débiteur, et par la quittance de la part du créancier privilégié.

SECTION 3.
Des Priviléges sur les Meubles qui s'étendent sur les Immeubles.

2106 (G). Les priviléges sur les meubles qui s'étendent sur les immeubles sont ceux énoncés aux nᵒˢ 1 et 2 de l'art. 2101. Néanmoins, ce dernier privilége ne peut être exercé que sur les immeubles d'où dérivent les arrérages de contribution et pour une annuité échue et la courante.

Les deux priviléges sus-énoncés sont préférés à ceux désignés à l'art. 2103 et sont les seuls dispensés de la publicité exigée par l'art. 2094, comme étant suffisamment connus.

SECTION 4.
Comment se conservent les Priviléges sur les Immeubles.

2107. Le privilége sur les immeubles est conservé par l'inscription exigée par l'art. 2094, sauf les deux exceptions portées à l'art. précédent.

Son effet et son rang sont réglés par la date de son inscription, sauf l'exception portée à l'art. 2110 concernant la cinquième espèce de privilége de l'art. 2103.

2108. L'inscription des priviléges énoncés aux n°s 1, 2, 3 et 4 de l'art. 2103 ne devient nécessaire que lorsque le titre duquel ils résultent vient à être rendu public par la transcription.

Jusques là, ce titre ne lie que les parties contractantes, de conformité à l'art. 2094 n° 2 ; et des inscriptions peuvent être prises utilement sur la tête de l'ancien propriétaire.

2109 (H). La réquisition pour obtenir la transcription d'un titre conférant privilége, vaudra réquisition pour l'inscription de ce privilége, laquelle sera faite simultanément par le Receveur-conservateur sous sa responsabilité personnelle

Si le privilége est éteint, le requérant la transcription sera tenu de déposer l'expédition du titre conférant extinction et de l'énoncer dans sa réquisition.

Si la transcription n'est requise que partiellement, l'on se conformera pour la réquisition à ce qui est dit à l'art. 2145.

2110 (I) Quant au cinquième privilége accordé par l'art. 2103 en faveur du créancier ou légataire du défunt, son effet date du jour qui précéde l'ouverture de la succession, mais seulement à l'égard des créanciers de l'héritier ou représentans du défunt, pourvu que dans les 40 jours qui suivent l'ouverture de la succession, ce privivilége ait été inscrit, ou que du moins l'on ait fait transcrire la demande en séparation de patrimoine autorisée par l'art. 878, au titre des *Successions*. Cette transcription n'aura d'effet que tout autant qu'elle sera suivie de l'inscription du privilége, pour les légataires du défunt, dans les 40 jours de l'enregistrement du testament ; et pour les créanciers, dans pareil délai après l'enregistrement du jugement qui reconnait la créance privilégiée.

Les créanciers des héritiers ou représentans du défunt pourront se faire subroger aux poursuites.

2111. Toutes créances privilégiées soumises à la formalité de l'inscription à l'égard desquelles les conditions ci-dessus prescrites pour conserver le privilége n'ont pas été accomplies, ne cessent pas néanmoins d'être hypothéquées ; mais l'hypothèque ne date à l'égard des tiers, que de l'époque de son inscription.

2108
2108
2103
2109
2110
2111
2113

CHAPITRE 3.

Des Hypothèques.

Disposititions générales.

2112. L'hypothèque est, de sa nature, indivisible et subsiste en entier sur tous les immeubles affectés, sur chacun et sur chaque portion de ces immeubles.

Elle les suit en quelques mains qu'ils passent pourvu que l'inscription en ait été faite conformément à la loi.

2113. Elle ne peut préjudicier aux droits des tiers pour les immeubles qui, quoique appartenant au débiteur, n'ont pas encore été portés sur sa tête à la matrice cadastrale.

2114. L'hypothèque n'a lieu que dans le cas et suivant les formes autorisées par la loi.

2115. Elle est *légale, judiciaire ou conventionnelle.*

2116. (J). L'hypothèque *légale* est celle que la loi accorde sur tous les biens de ceux qui gèrent pour des incapables et à laquelle elle ne permet pas de renoncer entièrement tant que son effet est nécessaire. Son inscription est le complément du titre qui la produit.

L'hypothèque *Judiciaire* est celle que la loi attache aux jugemens ou actes judiciaires lorsque les parties n'y ont pas renoncé.

L'hypothè^e *Conventionnelle* est celle qui dépend des conventions, et de la forme extérieures des actes et contrats.

2117. Sont seuls, etc. *(c'est l'art. 2110).*

2118. Les Meubles, etc. *(id. 2119).*

2119. Il n'est rien, etc. *(id. 2120).*

2120. Entre les créanciers, l'hypothèque soit légale, soit judiciaire, soit conventionnelle n'a de rang que du jour de l'inscription, sauf ce qui est dit à l'art. 2108 et suivans, pour les hypothèques privilégiées.

2114
2115
2116
2117
2118
2119

SECTION 1re

Des Hypothèques légales.

2121. Les droits, etc. *(c'est l'art. 2121).*

2122. Sauf les cas de restriction prévus par l'art. 2125, ou de réduction, prévus par les art. 2165 et suivans, l'hypothèque légale atteindra tous les biens présens et à venir du débiteur dans l'étendue du bureau où l'inscription aura été prise.

2123. L'hypothèque légale de l'Etat, des Communes et des Etablissemens publics sur les biens des receveurs et administrateurs comptables, ne pourra exister et être inscrite au livre hypothécaire, que pour des sommes dérivant d'un réliquat de compte par acte notarié, ou par jugement et, comme les autres hypothèques légales, ne prendra rang que du jour de l'inscription prise en vertu de cet acte ou jugement.

Mais les receveurs et administrateurs comptables ne pourront consentir, même à l'égard des particuliers, aucun acte conférant aliénation immobilière ou hypothèque, sans prendre leur qualité de receveurs ou administrateurs comptables, à peine d'être réputés stellionataires.

Les receveurs-conservateurs, après la formalité de l'enregistrement des actes susdits, seront tenus sous leur responsabilité personnelle, d'envoyer immédiatement au préfet d'où dépendra le receveur ou administrateur comptable, et d'en exiger récépissé, copie sommaire de l'acte enregistré, afin de mettre ce fonctionnaire en demeure de provoquer contre ce dernier, s'il le croit nécessaire, un réglement ou jugement et prendre ensuite inscription.

L'Etat n'a pas d'autres hypothèques légales sur les immeubles privés.

Il n'a sur eux d'autres priviléges que ceux énoncés aux art. 2101 et 2106.

2124 (K). Quant aux hyothèques légale sur les biens des maris, tuteurs ou curateurs celui qui aura payé une somme dnonant naissance à cette hypothèque, ne sera libéré qu'à ses périls et risques,

1° Si cette libération a eû lieu non obstant l'empêchement ou les conditions qui, en vue de pareil cas, pourraient avoir été insérés soit dans le contrat de mariage du mari, soit dans l'acte de nomination du tuteur ou curateur.

2° Si l'acte de libération ne contient pas la désignation des communes où sont situés les immeubles du grevé, et des bureaux d'où ils dépendent, avec mention de l'affirmation de la part de ce dernier qu'il n'en possède pas dans d'autres communes et que ceux désignés sont d'une valeur suffisante et suffisamment libres d'hypothèque, pour assurer la restitution des sommes dont on vient de se libérer.

L'affirmation reconnue fausse sera considérée comme stellionat, si plus tard, les biens déclarés sont reconnus insuffisans ou non suffisamment libres d'hypothèque. Celui qui se sera ainsi libéré encourra la même peine de stéllionat, s'il est reconnu qu'il avait connaissance de la fausseté de cette déclaration.

3° Si l'inscription de l'hypothèque légale n'a pas été requise à tous les bureaux désignés dans l'acte de libération le jour même de cet acte ; ou du moins, avant de nouvelles aliénations de la part du grevé, ou de nouvelles inscriptions sur ses biens ; sauf au parties contractantes, en cas d'éloignement, à se rapprocher par elles ou par leurs mendataires, des bureaux de la situation des immeubles, pour la rédaction de leurs conventions ; ou à convenir d'un dépôt pour les sommes payées, jnsqu'à l'apport d'un certificat du Receveur-conservateur, constatant que dans l'intervalle écoulé entre l'acte de libération et l'inscription de l'hypothèque légale, il n'a été porté aux livres hypothécaires aucune aliénation ou inscription consentie par le mari, tuteur ou curateur.

2125. Néanmoins, l'hypothèque légale peut être restreinte par le contrat de mariage, lorsque les parties sont majeures, ou par l'acte de nomination du tuteur ou curateur.

Il ne peut être convenu qu'il ne sera pris aucune inscription.

2126. Dans le cas de l'art. précédent, l'inscription ne sera requise que sur les immeubles indiqués ; mais les actes et délibérations portant restriction de l'hypothèque légale seront transcrits au bureau de la situation de la majeure partie des immeubles du grevé et mentionnés dans la réquisition qui sera faite pour obtenir l'inscription de l'hypothèque légale.

SECTION 2.
Des Hypothèques Judiciaires.

2127 L'hypothèque judiciaire résulte des jugemens soit contradictoires, soit par défaut, définitifs ou pro- 2123 visoires, en faveur de celui qui les a obtenus. Elle résulte aussi des reconnaissances ou vérifications faites en jugement, des signatures apposées à un acte obligatoire sous seing privé.

Elle peut comme l'hypothèque légale, s'exercer sur tous les immeubles portés à la matrice cadastrale sur la tête du débiteur, ou à fur et mesure qu'ils y seront portés pour les biens à venir ; et en généaal , sur tous les immeubles appartenant réellement au débiteur sans désignation de spécialité , quoique non portés sur sa tête ; sauf, ainsi qu'il est dit à l'art. 2143, les droits des tiers et les modifications ci-après exprimées.

Les décisions arbitrales n'emportent hypothèque qu'autant qu'elles sont revêtues de l'ordonnance judic^{er} d'exé^{on}.

L'hypothèque ne peut pareillement résulter des jugemens rendus en pays étranger , qu'autant qu'ils ont été déclarés exécutoires par un tribunal français , sans préjudice des dispositions contraires qui peuvent être dans les lois politiques et dans les traités.

SECTION 3.
Des Hypothèques Conventionnelles.

2128. Les hypothèques etc. (*c'est l'art.* 2124).   2124

2129 Ceux etc.   (*id.* 2125).   2125

2130. Les biens etc.   (*id.* 2126).   2126

2131. Les contrats etc. (*id.* 2128).   2128

2132. Il n'y a d'hypothèque conventionnelle valable que celle qui , soit dans le titre constitutif de la créance, 2129 soit dans un autre postérieur, déclare spécialement, en la forme voulue par l'art. 2137, la nature et la situation de chacun des immeubles actuellement appartenant au débiteur sur lesquels il consent l'hypothèque.

Les biens à venir ne peuvent pas être donnés en hypothèque.

2133. Néanmoins etc. (*c'est l'art.* 2130).   2130

2134. Pareillement etc. (*id.* 2131).   2131

2135. L'hypothèque etc. (*id.* 2132).   2132

2136.   id.   etc. (*id.* 2133).   2133

CHAPITRE 4.
Mode uniforme de Publicité, pour tous les actes contenant des Mutations immobilières, Priviléges et Hypothèques.

SECTION 1re.
Ce que les Actes doivent contenir.

2137 (L). Pour obtenir la publicité exigée par l'art. 2094, les titres donnant droit à mutation immobilière , 2188 à privilège ou à hypothèque devront contenir pour la désignation des immeubles , outre les énonciations ordinaires, les cinq indications de ces immeubles portées dans la Matrice-cadastrale et qui sont :

Le nom de la *Commune* où ils sont situés,

La lettre indiquant leur *Section*,

Leur *Numéro* dans cette section , placés par séries pour un même ténement ,

Le nom de leur *Quartier,*

Leur *Nature* indiquée sommairement pour tous les n^{os} réunis d'un même ténement.

Si la parcelle cadastrale est fractionnée, la contenance de la fraction détachée, précédée de son n° et de la particule *de*. De plus, les actes notariés contiendront:

1° *Pour la désignation des parties :*

Leur élection de domicile dans un lieu quelconque dépendant du bureau de la situation des immeubles ; si elles n'y demeurent pas.

2° *Pour la désignation des sommes;*

Le détail de toutes celles objet de la mutation immobilière ou de l'hypothèque et l'époque de leur exigibilité.

Les actes portant consentement à radiation d'une inscription doivent, à peine de nullité, être conformes à ce qui est dit aux art. 2161 et 2162.

2138. L'absence d'une ou plusieurs des indications exigées ci-dessus, peut être réparée par un acte supplémentaire émané des parties intéressées et accompagnant le premier.

2139. Sont, pour la désignation des immeubles dans les actes notariés, exemptés des indications exigées par l'art. précédent,

1° Les *Testamens*, dispensés également de l'élection de domicile. Les désignations cadastrales de ces immeubles ne sont exigées que lors de la déclaration de la succession du testateur, ou lors des actes qui font cesser l'indivision entre les cohéritiers,

2° Les actes conférant hypothèque légale dans lesquels il suffira de faire les désignations et mentions exigées par le n° 2 de l'art. 2124.

2140. Les formalités pour donner aux actes civils et judiciaires le caractère de publicité exigé par l'art. 2094, lorsqu'ils ont trait à des mutations immobilières, ou à privilége et hypothèque, afin d'être opposables à des tiers, consistent : **2148**

1° En une *réquisition* au Receveur-conservateur du bureau duquel dépendent les immeubles;

2° En l'*Insertion* faite par cet employé aux livres de Publicité mentionnés à l'art. 2096.

SECTION 2.
Ce que doivent contenir les Réquisitions.

2141. Les réquisitions ayant pour but l'inscription d'un bordereau de créance ou sa radiation, de même que celle tendant à la transcription d'un titre, seront signées de la partie requérante ou d'une autre personne pour elle et être accompagnées du titre en vertu duquel elles procèdent. **2148**

Néanmoins, il ne sera pas nécessaire d'accompagner du titre, les réquisitions ayant pour objet le renouvellement d'une inscription ; mais elles rappelleront, à peine de nullité, la date de l'inscription renouvellée et le n° du livre hypothécaire où cette inscription avait été portée.

La *Transcription* et l'*Inscription* peuvent être requises en même temps que l'enregistrement du titre et sur la simple présentation de la minute (M).

2142. La *Réquisition* tendant à *Inscription* ou à son renouvellement est en double minute dont une peut être portée sur l'expédition du titre. Elle est écrite sur papier timbré, et contient à peine de nullité : **2148** **2153**

1. Les noms, prénoms, profession et domicile du créancier avec élection de domicile pour lui dans un lieu quelconque de l'arrondissement du bureau ;

2. Les nom, prénom, profession et domicile du débiteur ;

3. La date et la nature titre ;

4. Le montant du capital des créances exprimées dans le titre ou évaluées par l'inscrivant, pour les rentes et prestations, ou pour les droits éventuels, conditionnels ou indéterminés, dans le cas où cette évaluation est ordonnée ; comme aussi le montant des accessoires de ces capitaux et l'époque de leur exigibilité ;

5. L'indication des biens sur lesquels on entend conserver le privilége ou l'hypothèque avec leur cinq indications cadastrales qui sont celles énoncées au n° 1. de l'art. 2137

Néanmoins, pour l'inscription des hypothèques légales et judiciaires, les immeubles sont suffisamment désignés, ainsi qu'il est dit aux art. 2124 n° 2 et 2127, par les noms des communes où ils sont situés et des bureaux d'où ils dépendent.

Il n'est pas nécessaire également, pour l'inscription des hypothèques légales, d'exprimer l'époque de l'exigibilité des sommes.

2143. La réquisition pour obtenir inscription ou son renouvellement, sur les biens d'une personne 2149 décédée pourra être faite sur la simple désignation du défunt, sans qu'il soit nécessaire de désigner ses héritiers.

2144. La réquisition d'inscription ne peut être collective que lorsque l'intérêt des divers créanciers résulte des mêmes titres.

2145. Celle pour obtenir la *Radiation* d'une inscription est exprimée par ces mots, mis au bas, ou en marge de l'expédition du titre donnant droit à radiation. « *Radiation requise.* »

Celle ayant pour objet une transcription est suffisamment exprimée par ces mots mis au bas ou en marge de la minute ou de l'expédition du titre. « *Transcription requise.*

La transcription peut n'être requise que pour une partie du titre, pourvu que l'expédition qui sera présentée au Receveur-conservateur ne contienne que cette partie avec les clauses et conditions qui s'y rapportent.

SECTION 3.

De la Forme de l'Insertion aux livres de Publicité et de ses effets.

2146. Les Receveurs-conservateurs à fur et mesure des dites réquisitions qui leur seront faites, seront 2150 tenus de s'y conformer, en donnant aux actes qui en sont l'objet, la Publicité exigée par l'art. 2094. 2158

Cette publicité résulte des insertions qui sont faites par ces employés dans les livres hypothécaires 2181 et les livres cadastraux qui sont les seuls livres de publicité.

L'insertion dans les livres hypothécaires consiste, s'il s'agit d'une mutation immobilière en la copie litérale du titre dans le *Livre-de-Transcription;* et s'il s'agit d'un titre ayant trait à privilége ou à hypothèque, en la simple copie de la réquisition dans le *Livre-des-Inscriptions.*

L'insertion dans les livres cadastraux consiste :

1. En la Mutation cadastrale, s'il y a lieu, c'est-à-dire, au transfert dans le livre de matrice-cadastrale, de l'immeuble objet de la mutation, de la tête de l'ancien propriétaire sur celle du nouveau;

2. En l'annotation dans les deux livres cadastraux et vis-à-vis les parcelles objet de la mutation, du privilége ou de l'hypothèque, du n° d'ordre du livre hypothécaire où a été portée la transcription ou l'inscription, afin de pouvoir y recourir facilement selon le besoin.

2147. Le titre qui a accompagné la réquisition de l'inscription est rendu à la partie requérante, avec un double de la réquisition constatant l'accomplissement de la formalité de l'inscription.

L'expédition du titre qui a donné lieu à une radiation d'inscription est retenue au bureau et échangée pour un certificat du Receveur-conservateur constatant la radiation.

L'expédition du titre transcrit est rendu à la partie requérante avec mention de l'accomplissement de la formalité de la transcription, de même que l'inscription des priviléges qui peuvent résulter de ces titres et qui doivent toujours être faites d'office lorsque la transcription est requise, ainsi qu'il est dit à l'art. 2109.

§ 1.

De l'Effet de l'Insertion des Mutations Immobilières, ou de la Transcription.

2148 (N). La formalité de l'*Insertion* aux livres-de-publicité, des actes ayant trait à mutation immo- 2182 bilière, sans être suivie des autres formalités exigées du nouveau possesseur ou tiers-détenteur, par l'art. 2175, ne purge pas la propriété des priviléges et hypothèques qui la grèvent,

L'ancien propriétaire ne transmet au nouveau, à l'égard des tiers-intéressés, sauf le recours contre qui de droit, que les mêmes droits qu'il avait lui-même, sous l'affectation des priviléges et hypothèques inscrits ou qui pourraient l'être jusqu'au moment de la publicité donnée à la mutation, ou de la transcription, sauf ce qui est dit à l'art. 2406 concernant certains priviléges, et à l'art. suivant.

Art. 2149. (O) L'inscription peut néanmoins être encore prise dans la quinzaine qui suit le jour de la transcription, mais elle n'accordera au créancier droit au prix de l'immeuble aliéné et droit à la surenchère que dans le cas où ce prix n'aurait pas encore été transporté ou quittancé avant la notification de cette inscription au nouveau propriétaire.

L'huissier qui fera cette notification sera tenu de sommer le nouveau propriétaire de déclarer s'il est encore débiteur envers l'ancien de tout ou partie de son prix. La réponse, si elle est négative, devra indiquer le titre de libération et vaudra sommation au créancier pour faire radier dans la quinzaine son inscription tardive, à peine de dommages-intérêts s'il y a lieu.

2150. Les frais de transcription sont à la charge de l'acquéreur.

§ 2.
Des Effets de l'Insertion des Hypothèques, ou de l'Inscription.

2151 L'inscription de l'hypothèque légale ou judiciaire prise à un bureau hypothécaire, dispensée par l'art. 2141, du détail de immeubles hypothéqués, affecte tous ceux du débiteur dépendans de ce bureau, pourvu qu'ils soient portés sur sa tête à la matrice cadastrale.

Elle affecte également ceux qui n'y sont pas portés, pourvu que ces inscriptions ne nuisent pas à des tiers.

2152. Tous les créanciers inscrits le même jour exercent en concurrence une hypothèque de la même date, sans distinction entre l'inscription du matin et celle du soir, quand même cette différence serait marquée par le Receveur-conservateur.

2153. (P). Le créancier inscrit pour un capital produisant intérêt ou arrérage, a droit d'être colloqué dans l'ordre à raison de ces intérêts ou arrérages pour les cinq années qui ont suivi l'inscription, outre l'année courante, au même rang d'hypothèque que pour son capital inscrit; sans préjudice des inscriptions particulières à prendre portant hypothèque à compter de leurs dates, pour les arrérages autres que ceux conservés par la première inscription.

2154. L'inscription ne produit aucun effet, si elle est prise dans le délai pendant lequel les actes faits avant l'ouverture des faillites, ou la déclaration de l'état de déconfiture du débiteur, sont déclarés nuls.

Il en est de même entre les créanciers d'une succession pour l'inscription faite par l'un d'eux depuis l'ouverture de la succession qui n'a été acceptée que sous bénéfice d'inventaire.

2155. Il est loisible à celui qui a requis une inscription, ainsi qu'à ses représentans, ou cessionnaires par acte authentique, de changer sur le livre hypothécaire, le domicile par lui élu, à la charge d'en indiquer un autre dans l'étendue du même bureau.

2156. (Q). L'inscription conserve le privilége ou l'hypothèque pendant dix ans. Son effet cesse si elle n'est renouvellée au plus-tard, à pareil jour du mois où elle a été prise.

Néanmoins, celle résultant d'hypothèque légale est dispensée de renouvellement.

Il en est de même de celles résultant des hypothèques privilégiées mentionnées aux nᵒˢ 1, 2, 3 et 4 de l'art. 2103. Mais la durée de l'action en résolution accordée au vendeur par l'art. 1654, pour cause de non payement du prix de la vente; et celle accordée au donateur par l'art. 953, pour cause d'inexécution des conditions sous lesquelles la donation a été faite, est limitée à dix ans, à partir du plus long terme accordé dans l'acte de mutation, à l'acheteur pour le payement de son prix; à l'échangiste, copartageant ou colicitant qui sont assimilés au vendeur pour le payement de la soulte, ou du prix de licitation; et au donataire pour l'exécution des conditions de la donation.

De plus, l'exercice du privilége dans l'ordre ouvert est considéré comme une renonciation à l'action en résolution.

2157. Les actions auxquelles les inscriptions peuvent donner lieu contre les créanciers, seront intentées devant le tribunal compétent, par exploits faits à leur personne, ou au dernier des domiciles élus sur le livre-hypothécaire, et ce non obstant le décès soit des créanciers, soit de ceux chez lesquels ils auront fait élection de domicile.

2158. Les frais de l'inscription sont à la charge du débiteur, sauf qu'il s'agisse d'hypothèque légale, et alors ils sont supportés par ceux au profit desquels ces inscriptions sont prises toutes les fois qu'elles ne dérivent pas de condamnations.   2155

Dans tous les cas, l'avance de ces frais est faite par celui qui a fait la réquisition.

CHAPITRE 5.
De l'Extinction des Priviléges et Hypothèques.

2159. Les priviléges et hypothèques s'éteignent :   2180

1. Par la *Renonciation* du créancier à l'hypothèque ;

2. Par la *Réduction* ;

3. Par l'*Extinction* de la créance, ou du droit de propriété du débiteur sur l'immeuble hypothéqué ;

4. Par la *Vente volontaire* ou *forcée* de l'immeuble hypothéqué suivie de l'accomplissement des obligations imposées aux tiers-détenteurs ;

5. Par la *Prescription*.

Toutes les causes d'Extinction ci-dessus détaillées donnent droit à la radiation de l'inscription par le Receveur-conservateur, pourvu que l'on se soit conformé à ce qui est dit aux art. 2144 et 2145

La première de ces causes donne lieu à la *radiation volontaire ;* les quatre autres donnent droit à la *radiation forcée.*

SÉCTION 1re.
De la radiation volontaire.

2160 La Radiation volontaire est celle qui résulte du consentement donné devant notaire par les parties intéressées et ayant capacité à cet effet.   2137

2161 Ce consentement, lorsqu'il est la seule matière du contrat, doit contenir la date et le n° d'ordre de l'inscription dans le livre hypothécaire ; l'indication du bureau où elle a été prise et les noms des parties,

2162 La quittance finale d'une créance, avec déclaration qu'elle est donnée sans aucune reserve, équivaut au consentement à radiation de toutes les inscriptions prises en vertu de cette créance.

2163 L'hypothèque même celle privilégiée, radiée par suite du consentement volontaire sans aucune reserve, ne peut revivre en vertu du même titre.

SECTION 2.
De la Radiation forcée.

2164. La Radiation forcée est celle qui résulte d'une des quatre dernières causes prévues par l'art. 2159.   2137
Elle a lieu en vertu d'un jugement en dernier ressort ou passé en force de chose jugée.

Elle est demandée, etc. (*c'est l'art.* 2159).   2159

Elle doit être. etc.   (id.   2160).   2160

§ 1.
De la Réduction.

2265 (*c'est l'art.* 2164 c. c.)
2166 (	id.	2162	)	2161
2167 (	id.	2163	)	2162
2168 (	id.	2164	)	2163
2169 (	id.	2165	)	2164
2170 (	id.	2143	)	2165
2171 (	id.	2144	)	2143
2172 (	id.	2145	)	2144

2145

§ 2.
De l'Extinction de la créance, et de celle de la propriété de l'immeuble hypothéqué.

2173. L'action en radiation peut encore être intentée par suite de l'extinction de l'obligation princi-   2180 pale entre les mains du créancier, résultant d'une des causes énoncées à l'art. 1234 ; ou par suite de c. c l'extinction de la propriété de l'immeuble hypothéqué entre les mains du débiteur, pour cause d'éviction ou de perte de cet immeuble.

§ 3.

De la vente volontaire ou forcée de l'immeuble hypothéqué et des obligations imposées au tiers détenteur.

2174. La vente forcée ou l'expropriation, et l'extinction des hypothèques qui en résulte, est réglée par le titre 19 du présent code et par les lois sur la procédure.

2175. La Transcription met bien l'immeuble à l'abri des inscriptions postérieures; mais les créanciers inscrits, même ceux énoncés aux art. 2106, 2110 et 2149 dans les limites et conditions y exprimées, le suivent en quelques mains qu'il passe, pour être colloqués et payés suivant l'ordre de leurs créances ou inscriptions.

2176. (R) Si le tiers détentenr veut affranchir sa propriété des inscriptions à raison de ces créances, il est tenu dans les 30 jours qui suivent l'enregistrement de son titre de propriété, de le dénoncer aux créanciers, mais seulement à ceux inscrits sur l'immeuble avant la transcription de ce titre; soit à leurs domiciles réels, soit à ceux élus dans leurs inscriptions, afin de les mettre en demeure d'en faire augmenter le prix par la voie de la *surenchère*, ou de faire opérer la distribution de ce même prix par la voie de *l'ordre*.

2177. (S) L'exploit de dénonciation, outre la constitution d'avoué près le tribunal qui doit connaître des contestations sur la surenchère, si elle a lieu, et chez lequel domicile sera élu de droit, doit contenir :

1. Extrait du nouveau titre de propriété contenant seulement la date et la qualité de l'acte, les noms et la désignation précise de l'ancien propriétaire, la désignation générale des biens et leurs cinq indications cadastrales mentionnées au n° 1ʳ de l'art. 2137; le prix et les charges fesant partie du prix de l'aliénation, ou l'évaluation de l'immeuble s'il est l'objet d'une donation ; la valeur que le nouveau propriétaire assigne par ventilation à chaque immeuble grevé d'inscriptions particulières et séparées, et l'époque des payemens.

2. La somme à laquelle se sont élevés les frais et loyaux coûts du nouveau titre de propriété :

2. Extrait de la transcription de ce nouveau titre ;

4. Un tableau sur trois colonnes dont la première contiendra la date des hypothèques et celle des inscriptions, la deuxième les noms des créanciers, la troisième le montant des créances inscrites.

Le nouveau propriétaire déclarera en même temps s'il entend se libérer sur les évaluations portées au nouveau titre de propriété, ou bien sur d'autres qu'il désigne, lui étant facultatif, s'il a des craintes d'une surenchère, de se libérer sur un prix supérieur à celui porté dans son titre et à des époques plus rapprochées.

2178. (T) Lorsque le nouveau propriétaire a fait cette notification, [tout créancier inscrit avant la transcription du nouveau titre de propriété, même celui désigné à l'art. 2149 dans le cas y exprimé, peut, dans les 40 jours qui suivent cette notification, requérir la mise aux enchères et adjudication publiques, devant un notaire à ces fins commis, en observant les conditions et formalités voulues par le code de procédure civile sur la surenchère à suite d'aliénation volontaire.

2179. (C'est l'art. 2192 deuxième alinéa seulement).

2180. En cas de revente aux enchères, l'adjudicataire est tenu, au-delà du prix de son adjudication, de restituer au tiers détenteur dépossédé les frais et loyaux coûts de son contrat, ceux de la transcription, ceux de notification et ceux qui auraient été faits par lui pour parvenir à la revente.

Il est également tenu de faire l'avance des frais de surenchère qui seront ensuite déduits du prix de l'adjudication, d'après la taxe qui en sera faite.

A défaut par l'adjudicataire de satisfaire au payement des dites sommes, dans les 20 jours qui suivent l'adjudication, il y sera contraint par la voie de la folle enchère qui sera poursuivie devant le tribunal conformement aux règles tracées par le code de procédure civile.

2181. (c'est l'art. 2190).

2182. Tant que le tiers détenteur, pour la dénonciation de son titre, ne s'est pas conformé aux art 2176 2167
et 2177, il est censé avoir accepté le lieu et place du précédent propriétaire, et chacun des créanciers 2169
énoncés à l'art. 2175, peut pour des sommes exigibles, et sans commandement préalable au débiteur
originaire, exercer des frais de poursuites contre le tiers détenteur, même sur les autres biens de ce
dernier qui est sans action contre son vendeur pour obtenir la restitution de ces frais.

2183. Néanmoins, le tiers détenteur qui n'est pas personnellement obligé à la dette peut, sans pré- 2170
liminaire de conciliation, assigner les créanciers inscrits pour voir ordonner qu'il sera sursis à l'adjudi- 2171
cation par suite de surenchère, de même qu'aux poursuites autorisées par l'art. précédent, s'il est
demeuré d'autres immeubles hypothéqués à la même dette dans la possession du principal ou des principaux obligés, et en requérir la discussion préalable selon la forme réglée au titre du *cautionnement*.
Pendant cette discussion, il est sursis à la surenchère et aux autres poursuites contre le tiers détenteur qui
est tenu de faire l'avance des frais de discussion, ainsi qu'il est dit à l'art. 2023.

L'exception de discussion ne peut être opposée au créancier privilégié ou ayant hypothèque spéciale sur l'im^ble. 2168

2184. (U) S'il n'est pas demeuré en la possession du principal ou des principaux obligés des immeubles hypothéqués à la même dette ; le tiers détenteur peut encore arrêter les frais de poursuites autorisées par l'art. 2182,

En notifiant son titre de conformité aux art. 2176 et 2177,

En payant la créance inscrite pour laquelle il est poursuivi,

En délaissant l'immeuble hypothéqué dans les cas prévus et de la manière indiquée par l'art. 2186 et suivans.

2185. S'il paye des créances inscrites sur l'immeuble, il est subrogé de fait aux droits du créancier qu'il paye.

2186. (V) Dans le cas où le tiers détenteur n'est pas personnellement obligé à la dette et a capacité 2172
d'aliéner, il a la faculté de délaisser l'immeuble hypothéqué si, avant les poursuites dirigées contre
lui, il s'était libéré de son prix, ou si les créances inscrites sont exigibles et exigées avant l'époque qui lui a
été assignée pour le payement de son prix, ou qu'il a fixe lui-même dans la dénonciation de son titre.

Peuvent, les créanciers dans ce dernier cas, pour éviter le délaissement, se désister des époques d'exigibilité de leurs créances et déclarer au tiers détenteur qu'ils acceptent les termes et délais fixés dans
la dénonciation du titre.

Ils seront même censés avoir fait cette acceptation si, dans le délai qui leur est accordé pour notifier
la surenchère, ils n'ont pas dénoncé au tiers détenteur leur intention de ne pas faire cette acceptation.

2187. Le délaissement peut être fait, même après que le tiers détenteur a reconnu l'obligation ou 2173
subi condamnation en cette qualité seulement : le délaissement n'empêche pas que, jusqu'à l'adjudication,
le tiers détenteur ne puisse reprendre l'immeuble en payant toute la dette et les frais.

2188. (c'est l'art. 2174)
2189. (id. 2175)   2174
2190. (id. 2176)   2175
2191. (id. 2177)   2176
     2177

2192. A défaut pour les créanciers inscrits d'avoir, dans le délai fixé par l'art. 2178, requis la mise aux
enchères, et à défaut de délaissement, la valeur de l'immeuble aliéné demeure définitivement fixé au
prix stipulé dans le contrat ou offert par le nouveau propriétaire dans la dénonciation de son titre ;
ou s'il y a eû surenchère, au prix fixé dans l'adjudication.

L'ordre des créanciers pourra immédiatement être provoqué soit par les créanciers inscrits soit par
le nouveau propriétaire.

Si l'ordre n'est pas terminé dans l'année qui suit la dénonce du nouveau titre de propriété, le tiers
détenteur peut se libérer de son prix en le consignant.

2193. L'ordre terminé, le Receveur-conservateur est tenu, sur la réquisition du tiers détenteur,
accompagnée de l'expédition du jugement d'ordre, de radier toutes les inscriptions qui n'auront pas été
allouées utilement ou pour lesquelles il n'aura pas été produit dans l'ordre ; et plus-tard, celles allouées
et payées, à fur et mesure des nouvelles réquisitions accompagnées des titres de libération.

2494. (X) Le tiers détenteur qui a payé la dette hypothécaire, ou délaissé l'immeuble hypothéqué, ou subi l'éviction de cet immeuble, par suite d'expropriation, surenchère ou autrement, à son recours en garantie tel que de droit, contre le débiteur principal.

Mais, il ne peut demander des dommages-intérêts que dans le cas où on lui aurait vendu l'immeuble franc d'hypothèque.

Lorsqu'il y a lieu à dommages-intérêts, même lorsque le tiers détenteur qui a subi la surenchère a payé un excédant de prix pour se rendre adjudicataire, ces dommages - intérêts ne doivent être que la compensation de ceux qu'aurait éprouvé le tiers détenteur en ses propres biens par suite de l'éviction, sans avoir égard à l'excédant de prix par lui payé pour se rendre adjudicataire, si mieux n'aime, l'ancien propriétaire, se décharger de tous dommages-intérêts en payant cet excédant.

§ 4.

De la Prescription.

2495. (Y) La Prescription du privilége et de l'hypothèque est acquise au débiteur, quant aux biens qui sont dans sa possession, par le temps fixé pour la prescription des actions qui donnent l'hypothèque ou le privilége.

Quant aux biens qui sont en la possession d'un tiers détenteur, la prescription du privilége ou de l'hypothèque lui est acquise par le temps réglé pour la prescription de la propriété à son profit, et même dans moins, si dans cet intervalle, le débiteur a lui-même prescrit la dette.

Dans le cas de l'art. 2265, où la prescription suppose un titre, elle ne commence à courir tant pour la propriété que pour le privilége ou l'hypothèque, que du jour où ce titre a été trancrit et notifié aux créanciers, de conformité aux art. 2440, 2475 et 2476.

La prescription ci-dessus établie n'est pas interrompue par l'inscription prise ou renouvellée par le créancier. Elle peut l'être par tous les moyens développés au titre de la prescription en général, et notamment contre le tiers détenteur, par l'action en déclaration d'hypothèque, ou par les poursuites autorisées par l'art. 2478 et suivans.

CHAPITRE 6.

Des obligations et de la Responsabilité des Receveurs-conservateurs.

2496. (Z) Les Receveurs-conservateurs sont tenus moyennant salaire, de donner connaissance visuellement à tous requérans, des plans cadastraux et livres-de-publicité.

De leur délivrer soit séparément, soit collectivemment :

1. Des certificats négatifs de mutation, inscription ou transcription ;

2. Copie de l'un ou des deux livres cadastraux, en ce qui concerne certaines parcelles ou toutes celles portées sur une tête désignée, afin de pouvoir connaître leur nombre et s'enquérir de leur valeur.

3. Copie des livres hypothécaires en ce qui concerne les nos annotés vis-à-vis des parcelles portées à la copie qui aura été délivrée des livres cadastraux, afin de connaître l'origine de la propriété et les charges qui la grèvent.

La copie des Livres-de-publicité en général, pourra n'être que d'une certaine nature de mutations, charges hypothécaires ou autres insertions, selon les termes exprimés dans la demande écrite et signée, laquelle devra toujours se trouver en tête des certificats ou copies délivrés.

2497. (C'est l'art. 2497)
2498. (id.   2498)
2499. (id.   2499)
2200. (id.   2200)
2201. (id.   2201)

2202. Les Receveurs-coservateurs sont tenus de se conformer à toutes les dispositions du présent chapitre, sous les peines portées à l'article suivant et de destitution s'il y a lieu.

2203. (a) Les mentions de dépôt, les inscriptions et transcriptions sont faites sur les registres, de suite, sans .... d'interligne, à peine contre le Receveur-conservateur, de 20 à 500 fr. d'amende et de dommages-................. .... par préférence à l'amende.

3ᵐᵉ PARTIE DE LA LOI.

ART. 33. Le Titre 4 du livre 1ᵣ de la 2ᵉ partie du code de procédure civile, est remplacé par le suivant.

TITRE 4.

De la Surenchère sur aliénation volontaire.

832. (b) Dans le cas prévu par l'art. 2178 du code civil, le créancier qui veut faire la surenchère présentera   832
requête au président du tribunal de 1ʳᵉ instance d'où dépend la majeure partie des immeubles à surenchérir , afin de faire commettre un huissier pour la notifier et un notaire pour recevoir les enchères et procéder à l'adjud^on.

833. (c) Cette notification sera faite tant au nouveau qu'à l'ancien propriétaire, à leurs personnes ou aux do-   834
miciles exigés par l'art. 2137 du code civil, dans les 40 jours au plus tard qui suivront celui de la dénonciation du nouveau titre de propriété , exigée par l'art. 2176 du même code.

Cette notification contiendra :

1. Constitution d'avoué près le tribunal désigné à l'art. précédent. Cette constitution vaudra élection de domicile;

2. Déclaration du requérant s'il entend surenchérir tous les immeubles désignés dans la dénonce du nouveau titre de propriété , ou seulement certains d'entr'eux. Dans ce dernier cas seulement , copie des désignations dénoncées au créancier, en ce qui concerne ces immeubles distincs, sera placée en tête de l'exploit de notification;

3. Soumission de la part du requérant de porter ou faire porter le prix à un dixième en sus de celui dénoncé ou offert par le nouveau propriétaire , outre les charges imposées par l'art. 2180 du code civil ;

4. Offre et désignation d'une caution jusques à concurrence du prix et des charges ;

5. Déclaration que dans la quinzaine , il sera fait dépôt chez le notaire commis , de la minute ou de l'expédition de l'acte d'aliénation : de même que de l'exploit de notification de surenchère , pièces qui doivent tenir lieu de minute d'enchère et de mise à prix ; en outre des pièces établissant la solvabilité de la caution , ou bien de l'expédition de l'acte de dépôt fait au greffe du tribunal sus énoncé, de sommes d'argent ou de rente sur l'Etat , pour tenir lieu de caution , de conformité à l'art. 2041 du code civil ;

6. Indication des lieux, jour et heure de l'adjudication , fixés par le notaire commis dans son ordonnance rendue sur pied de requête , avec sommation tant au nouveau qu'à l'ancien propriétaire, de s'y trouver si bon leur semble.

L'original et la copie de la notification seront signés par le créancier requérant ou par un mandataire spécial.

Il sera en outre laissé à l'ancien et au nouveau propriétaire copie , outre celle de l'exploit de notification ; 1. des requête et ordonnance mentionnées à l'art. 832 et n° 6 du présent article; 2. de l'acte notarié contenant soumission de la caution , ou bien de l'acte dressé par le greffier de la réalisation du nantissement de sommes d'argent, ou rentes sur l'Etat ; 3. de la procuration s'il en a été donné une par le créancier requérant , dans le cas exprimé au n° 6 du présent article.

834. Si l'ancien ou le nouveau propriétaire entendent contester la solvabilité de la caution, ils le déclareront   833
au nouveau poursuivant dans les 30 jours qui suivront celui de la notification, avec assignation pour comparaître dans les délais de la loi , pour la cause être jugée comme en matière sommaire. A défaut de ce faire , la caution sera censée acceptée.

Si la caution est rejettée , la surenchère sera déclarée nulle et l'acquéreur maintenu , à moins qu'il ait été fait d'autres surenchères par d'autres créanciers.

835. Chaque créancier inscrit à le droit de se faire subroger aux poursuites de surenchère si elles sont   835
négligées , ou s'il y a collusion ou fraude de la part du poursuivant

La subrogation est demandée sur simple requête et signifiée par acte d'avoué à avoué.

Elle ne cesse pas pour cela d'avoir lieu aux risques et périls du surenchérisseur et de sa caution ; tous les frais frustratoires auxquels sa négligence a donné lieu demeurant à sa charge.

836. La vente snr enchère sera précédée de placards imprimés, contenant :

1. La date et la nature de l'acte d'aliénation sur lequel la surenchère a été faite et le nom du not^{re} qui l'a reçu;

2. Les noms, profession et domicile de l'ancien et du nouveau propriétaire ;

3. La désignation des immeubles surenchéris, de la manière indiquée par l'art. 2137 du code civil ;

4. Le prix déclaré ou offert par le nouveau propriétaire dans son acte de dénonciation ;

5. les noms, profession et domicile du surenchérisseur ou de celui qui s'est fait subroger aux poursuites ;

6. Le montant de la surenchère et des charges imposées par l'art. 2480 du code civil ;

7, Enfin, les jour, lieu et heure fixés pour l'adjudication et le nom du notaire qui doit y procéder.

Ces placards seront apposés quinze jours au moins et trente jours au plus avant l'adjudication, à la porte du domicile de l'ancien propriétaire et aux lieux indiqués par l'art. 699 du présent code.

Dans le même délai, l'insertion des énonciations qui précèdent sera faite dans le journal désigné en exécution de l'art. 696, et le tout sera constaté comme il est dit aux art. 698 et 699.

837. Le surenchérisseur, même au cas de subrogation à la poursuite, sera déclaré adjudicataire si, au jour fixé pour l'adjudication, il ne se présente pas d'autre enchérisseur.

838. (d) Sont applicables au cas de surenchère, les art. 702, 705, 706 et 717, sauf qu'il ne sera pas nécessaire du ministère des avoués pour faire les enchères, et que les notifications à faire au greffe le seront au notaire commissaire. Sont aussi applicables les art. 731, 732 et l'art. 733 et suivants, relatifs à la folle enchère.

Le certificat constatant que l'adjudicataire n'a pas justifié de l'acquit des conditions à lui imposées par l'art. 2180 c. c., sera délivré par le notaire et le procès-verbal d'adjudication déposé au greffe du tribunal pour servir à la folle enchère.

Le notaire qui aura procédé à l'adjudication sera responsable des frais exposés pour arriver à la surenchère, s'il délivre à l'adjudicataire l'expédition du verbal d'adjudication avant l'acquittement de ces frais.

Ce verbal sera notifié tant à l'ancien propriétaire qu'au tiers détenteur, s'ils ne se sont pas trouvés présens à l'adjudication.

Dans tous les cas, il sera fait au tiers détenteur, toujours à personne ou domicile élu, offre réélle des frais et loyaux coûts de son contrat et autres énoncés à l'art. 2180 c. c., et à lui dûs, avec sommation de se trouver à jour, lieu et heure indiqués pour assister à la prise de possession de l'adjudicataire et faire ses observations s'il en a.

En cas de contestation sur la prise de possession, l'action en délaissement sera intentée en la forme ordinaire, et les frais supportés par qui de droit. La contrainte par corps pourra être ordonnée contre le tiers détenteur.

Les formalités prescrites par les art. 705, 706, 832, 834 et 836, seront observées à peine de nullité.

Les nullités qui auraient précédé l'adjudication seront proposées, à peine de déchéance, trois jours au moins avant l'adjudication, et les autres dans le verbal même d'adjudication, et au plus-tard, dans la huitaine qui suit sa notification; le tout avec assignation donnée au poursuivant pour comparaître dans les délais de la loi.

Aucun jugement ou arrêt par défaut en matière de surenchère sur aliénation volontaire, ne sera susceptile d'opposition.

L'adjudication par suite de surenchère sur aliénation volontaire ne pourra être frappée d'aucune autre surenchère.

4me et dern^{re} PARTIE DE LA LOI.

Dispositions Transitoires.

ART. 34. La présente loi sera mise à exécution le 1^r janvier 1851.

ART. 35. A dater de cette époque, les conservateurs des hypothèques demeurent supprimés et remplacés dans chaque canton, par les Receveurs d'enregistrement appelés à l'avenir Receveurs-conservateurs.

Il leur est alloué une indemnité annuelle de..... jusqu'à ce qu'il ait été pourvu à leur placement dans un bureau d'enregistrement d'un produit aussi rapproché que possible de celui qu'ils avaient auparavant.

Sur leur demande, ils auront la préférence pour le bureau de leur résidence actuelle, aussitôt qu'il deviendra vacant.

ART. 36. Le 1^r janvier 1851, les registres de ces bureaux seront transférés aux greffes des tribunaux civils d'où ils dépendent, pour en être délivré à qui de droit, des extraits ou certificats par le greffier, en attendant la rectification des anciennes formalités hypothécaires dans les bureaux respectifs où les nouvelles seront suivies à dater du 1^r janvier 1851

ART. 37. Il est accordé jusqu'au 1^r juillet 1851,

1° A tous ceux qui auront requis des inscriptions ou transcriptions hypothécaires avant le 1^r janvier 1851, pour présenter aux nouveaux bureaux, leur ancien bordereau d'inscription ou le titre transcrit, avec les rectifications nécessaires en ce qui concerne la désignation des immeubles, afin que le Receveur-conservateur puisse porter aux livres hypothécaire les indications cadastrales exigées par l'art. 2137 du code civil.

Ces nouvelles désignations des immeubles seront mises au bas de l'ancien bordereau d'inscription, ou du titre transcrit, et certifiées sincères et véritables par la partie requérante ou une autre personne pour elle. Les désignations reconnues fausses pourront donner lieu à des dommages-intérêts.

2° A tous ceux qui n'auront qu'en la forme privée, des actes ayant trait à mutation immobilière antérieurs au 1^r janvier 1851, pour les faire enregistrer au droit simple et leur faire donner ensuite la publicité exigée par l'art. 2094, pour être opposable à des tiers.

Ces actes privés seront au préalable, déposés dans les minutes d'un notaire.

ART. 38. Les anciennes inscriptions et transcriptions qui n'auraient pas été rectifiées avant l'expiration du délai ci-dessus accordé; ou les actes sous seing privé ayant trait à des mutations immobilières qui n'auraient pas été déposés et transcrits dans le même délai, n'auront de valeur à l'égard des tiers, que du jour où ces formalités auront été remplies ; sans préjudice néanmoins des prescriptions acquises en ce qui concerne les mutations immob^{res}.

ART. 39. Pour l'accomplisssement des formalités ci – dessus, il est néanmoins accordé jusqu'au 1ᵉʳ janvier 1852 iuclusivement à tous ceux qui se trouveraient hors de France au moment de la promulgation de la présente loi et qui n'y seraient pas rentrés avant le 1ᵉʳ janvier 1851.

ART. 40. Pour l'inscription des hypothèques légales qui avant la présente loi en étaient dispensées, il est accordé les mêmes délais à ceux dont les biens se trouvent grevés de ces hypothèques, pour rendre publiques toutes celles résultant de titres enregistrés avant le 1ᵉʳ janvier 1851.

ART. 41. Pour ces inscriptions résultant de titres antérieurs à l'époque susdite, la réquisition exigée par l'art. 2144 c. c., sera accompagnée non seulement des actes donnant droit à l'hypothèque ou de leur expédition, mais encore d'un certificat délivré en brévet par le juge de paix du domicile du mari, tuteur ou curateur, ou tout autre qui serait commis par le tribunal, constatant que quatre des plus proches parens de la femme, mineur ou interdit y dénommés ; et à défaut de parens connus, ou non domiciliés dans un rayon de cinq myriamètres, quatre des plus proches voisins ont affirmé devant lui que les sommes dont le mari, tuteur ou curateur est redevable au 1ᵉʳ janvier 1851, à raison de son administration, ne s'élèvent qu'à la somme énoncée dans ce certificat, avec désignation autant que possible, des titres qui ont donné lieu à l'hypothèque légale.

Le juge de paix pourra exiger que la femme, mineur ou interdit soient présens à la délivrance du certificat.

Ce certificat restera déposé au bureau avec un des doubles de la réquisition dans laquelle il sera mentionné.

ART. 42. Le grevé d'hypothèque légale et les quatre plus proches parens de la femme, mineur ou interdit, jusques au quatrième degré inclusivement, ayant leur domicile dans un rayon de cinq myriamètres de celui de ces derniers, seront solidairement responsables du préjudice qui résulterait pour ceux-ci, de la non inscription de l'hypothèque légale ou de sa non rectification dans les délris sus-indiqués

ART. 43. Du 1ᵉʳ janvier 18151 au 1ᵉʳ juillet suivant, délai accordé pour la manifestation des mutations immobilières et hypothèques résultant de titres antérieurs au 1ᵉʳ janvier 1851, les formalités pour purge d'hypothèque légale et autres résultant de ces titres, seront faites de la manière suivie jusqu'à ce jour, à la différence que pour la purge d'hypothèques légales, les greffiers des tribunaux civils seront remplacés par ceux du juge de paix de la situation des immeubles et le ministère public représenté par le juge de paix du domicile du mari, tuteur ou curateur.

ART. 44. La Présente loi ne peut avoir d'effet rétroactif.

Les hypothèques légales et autres résultant de titres enregistrés avant le 1ᵉʳ janvier 1851, remonteront, quant à leurs effets, aux époques fixées par les lois antérieures, pourvu qu'elles aient été inscrites dans les délais ci-dessus accordés.

ART. 45. Tout ce qui, dans les lois antérieures, serait contraire à la présente, demeure abrogé.

EXPOSÉ DES MOTIFS

Sur les principales modifications proposées.

PAGE 12. (A) L'institution des Géomètres du cadastre à paru indispensable ;

1. Pour aider les receveurs-conservateurs dans les opérations de mutations cadastrales et rectifications des plans cadastraux lorsqu'il s'agit de parcelles fractionnées.

2 Pour faciliter les nouvelles éditions des plans cadastraux, dont le renouvellement à des époques périodiques plus ou moins longues, est reconnu indispensable. Par ces rectifications partielles, les plans comme les livres cadastraux seront tenus au courant des nouvelles mutations immobilières, et à la fin de chaque période, les nouvelles éditions des plans cadastraux ne consisteront qu'en une copie des anciens, avec les modifications qui y auront été portées à l'encre rouge, sans qu'il soit nécessaire de procéder à une nouvelle levée des plans cadastraux.

3. Pour aider les employés du Fisc à reconnaître l'identité des parcelles, et le jury du cadastre dans ses décisions sur les contestations de limites intéressant l'Etat, les communes, les établissemens publics et les particuliers.

PAGE 14 (B) Les contestations pour limites de propriétés rurales sont devenues très-communes. Ces discussions ne se jugent bien que par la vue des lieux ; là les titres s'interprètent sans équivoque, les doutes s'éclaircissent. Cette vérité a été reconnue par la loi du 25 mai 1838 qui étend la juridiction des juges de paix aux actions en bornage, tandis qu'auparavant ils ne connaissaient que des déplacemens de bornes. Mais le remède est encore insuffisant en ce que ces contestations quelques minimes qu'elles soient, exigent ordinairement le déplacement de trois personnes, le juge de paix, son greffier et un expert qui emploient souvent plus de temps pour leur course, que pour l'examen de la contestation. De là des frais considérables qui dépassent ordinairement la valeur du terrain contesté.

La justice devant être aussi gratuite que possible et les actions en bornage étant très-communes ; d'autre part, ces actions ne pouvant beaucoup souffrir d'un retard de quelques mois, l'on a pensé qu'il serait plus avantageux aux justiciables de fixer deux époques par an pour les vuider toutes en même temps, par un jury composé de trois membres.

La compétence du jury s'étendrait encore à d'autres objets et l'instruction des affaires serait rendue aussi simple que possible.

PAGE 17. (C) L'art. 2094 est la clef de voûte du système proposé. Il exige trois choses nouvelles pour les actes ayant trait à mutations immobilières, priviléges ou hypothèques ; et par acte ayant trait à mutation immobilière, l'on entend également ceux qui ne sont que déclaratifs de propriété, tels que partages, déclarations de succession, puisqu'ils donnent nécessairement lieu à mutation.

Ces trois obligations indispensables pour rendre les mutations, priviléges ou hypothèques opposables à des tiers et sont les suivantes :

1. L'exclusion de la forme privée pour les mutations immobilières,

2. La transcription de tous les actes contenant ces mutations,

3. L'inscription de toutes les hypothèques, même des hypothèques légales.

La première de ces obligations existe déjà en ce qui concerne les donations (art. 931 c. c.). Mais, pourquoi la loi défendrait-elle de se dépouiller par donation d'une somme de cent francs en la forme privée, lorque cette forme serait permise pour une vente de cent mille francs ? Les abus peuvent être les mêmes de part et d'autre ; puisque si, d'une part la donation peut être gratuite, la vente peut aussi porter quittance du prix.

Il est reconnu depuis long-temps que les actes privés sont ordinairement mal rédigés et donnent lieu à une foule de procès. Il ne serait pas possible cependant de les annuler tout à fait, à cause de l'impossibilité dans laquelle peuvent se trouver quelques fois les parties de recourir de suite à un notaire. Aussi, propose-t-on que ces actes vaillent toujours entre les parties contractantes qui pourraient se contraindre réciproquement, à peine de dommages-intérêts, à les convertir en actes publics.

La deuxième obligation imposée par le nouvel article 2094, de faire transcrire les actes ayant trait à mutations immobilières pour les rendre opposables à des tiers, a éprouvé de grandes variations. Elle n'était pas exigée dans l'ancien droit pour la transmission des propriétés immobilières et la loi organique du système hypothécaire du 9 messidor an 3, respecta ce principe..

Mais la loi du onze brumaire an 7 y déroga pas ses articles 26 et 28 portant : « Art 26. Les actes translatifs des biens et droits susceptibles d'hypothèque doivent être inscrits sur les registres du bureau de la conservation des hypothèques. Jusques là ils ne peuvent être opposés aux tiers qui auraient contracté avec le vendeur et qui se seraient conformés aux dispositions de la présente, art. 28. La transcription prescrite par l'article ci-dessus, transfère à l'acquéreur les droits que le vendeur avait à la propriété de l'immeuble, mais avec les dettes et hypothèques dont cet immeuble était grevé. »

Ainsi, sous l'empire de cette loi, l'acquéreur n'était saisi de la propriété que par la transcription. Une deuxième aliénation de l'immeuble au préjudice de la première, était valable si elle était transcrite la première et les hypothèques créées sur l'immeuble vendu étaient valables, si elles étaient inscrites avant la transcription de cette vente.

Le code civil a à son tour changé ce système. La transcription n'est plus nécessaire pour la transmission de la propriété, sauf en ce qui concerne la donation et une première vente, quoique non rendue publique par la transcription, peut être opposée à une deuxième, quoique transcrite et que le tiers détenteur ait rempli toutes les obligations qui lui sont imposées par la loi, c'est ce qui résulte des articles 1583 et 2182 c. c., Il est bien reconnu aujourd'hui que la loi de brumaire an 7 était infiniment préférable et que le crédit foncier n'a pas gagné ce changement. Le crédit ne peut s'établir que par la plus grande publicité donnée aux aliénations immobilières.

Quant à la troisième obligation imposée par le nouvel article 2094 de faire inscrire toutes les hypothèques même légales, elle est réclamée depuis longtemps. L'on a donné tant de raisons pour condamner les hypothèques occultes, pour démontrer d'ailleurs l'inutilité des formalités de purge d'hypothèque légale qui, avec beaucoup de frais, aboutissent à un effet tout contraire de celui que s'était proposé le législateur, qu'il est inutile d'insister sur ce point. Il suffit de faire remarquer que, par le système proposé, l'incapable sera continuellement protégé par la loi. Son hypothèque légale pourra bien être restreinte par l'acte qui fait commencer l'administration, où réduite en vertu d'un jugement précédé d'un avis de parens, mais ne pourra disparaître que jusques à concurrence des valeurs immobilières qui dépassaient les besoins reconnus.

En l'état présent, les formalités de purge d'hypothèque légale peuvent entraîner la ruine de la personne que la loi a voulu protéger, si son hypothèque légale n'est pas inscrite dans le court délai que dure cette procédure et encore la loi met-elle cette inscription aux soins et diligences de la personne qui a le plus d'intérêt à ce qu'elle n'existe pas.

PAGE 18. (D) L'on a ajouté à cet article le privilége du trésor public, sur les meubles. L'on a supprimé celui provenant de frais de dernière maladie, des salaires de gens de service, de fournitures de subsistance. Le motif est que ces priviléges sont rarement exercés et qu'ils prêtent trop à la fraude. Les frais de dernière maladie ont d'ailleurs le privilége accordé par le nouvel article 2110 à tout créancier du défunt, avec faculté de ne le faire inscrire que dans un certain délai.

L'article 2098 c. c., dit que le privilége du trésor public est réglé par des lois particulières. Mais ce privilége pouvant nuire au crédit public aussi bien que tout autre, il est nécessaire de ne lui donner d'autre extension que celle qui est rigoureusement nécessaire. Ainsi, le nouvel article 2101 n'accorde au trésor public de privilége sur les meubles que pour des arrérages de contributions de toute nature et seulement pour une annuitée échue et l'année courante. Le nouvel article 2106 limite le privilége du trésor public quant aux immeubles.

PAGE 18. (E) Si l'article 2103 dit *susceptible*, c'est que d'après le système proposé, le privilége n'est rien sans l'inscription, et s'évanouit si cette inscription n'est pas prise dans certain délai.

L'on a pensé qu'il était convenable, dans ce nouvel article, d'assimiler tant au vendeur tous ceux auxquels il est dû par suite d'aliénation immobilière, tels que l'*échangiste* pour le remboursement d'une soulte, le *donateur* pour les charges qu'il a imposé à son donataire ; enfin, les *créanciers* et *légataires* du défunt à l'égard des créanciers des héritiers de ce dernier.

Pour l'échangiste et le donateur, le motif qui fait accorder le privilége au vendeur est le même pour eux. D'autre part, il était convenable de dépouiller tous ces créanciers privilégiés, par suite d'aliénation immobilière, de la faculté exorbitante d'exercer indéfiniment l'action en résolution. Le nouvel article 2156 limite la durée de cette action à dix ans à partir du plus long délai accordé au débiteur pour se libérer.

Quant aux créanciers et légataires du défunt, le droit n'est pas nouveau ; puisque, sous entendus sans doute dans l'article 2103 c. c., ils sont ensuite mentionnés à l'article 2111, comme créanciers privilégiés.

Les motifs qui ont décidé à exclure du nombre des créanciers privilégiés, les architectes, ouvriers. etc., sont :

1. Que ces créances, sans tant de complication, et sans tant de frais, peuvent être inscrites à l'avance en vertu d'un titre notarié réglant approximativement le chiffre de la dépense présumée, avec bail d'hypothèque,

2. Qu'il est absurde de faire dériver une hypothèque privilégié d'un verbal, dressé par un expert ; c'est-à-dire d'un titre privé,

3. Que les travaux pouvant se prolonger indéfiniment, l'on ne serait jamais sûr d'être à l'abri d'un pareil privilége.

PAGE 18. (F) L'article 2403 numéro 5 c. c. exige un acte authentique du *bailleur de fonds* pour avoir son privilége, tandis que l'article 2112 n'exige pas cette authenticité de la part du *cessionnaire* d'un privilége. Les motifs étant les mêmes dans les deux cas, le nouvel article 2105 exige aussi la forme authentique pour le cessionnaire avec d'autant plus de raison, que l'inscription de privilége devant être requise ou renouvelée en vertu de cet acte de cession, le nouvel article 2094 veut que le privilége ou l'hypothèque ne puissent résulter que d'un acte notarié ou d'un jugement.

PAGE 18. (G) Rien de plus juste que celui qui a avancé les frais de justice pour arriver à la vente d'un objet, les prélève ou ait un privilége sur le prix de cet objet. Il n'est pas moins juste que l'Etat, pour la protection qu'il accorde à la propriété, ait également un droit de suite non seulement sur les meubles du contribuable mais encore sur ses immeubles, pour les arrérages du tribut que ces immeubles lui payent, pourvu que ce droit soit restreint dans des limites raisonnables. Limité comme il est, il sera toujours facile de s'enquérir si ce privilége existe.

Ces deux priviléges portant avec eux leur publicité, il y a d'autant moins d'inconvénient de les dispenser de l'inscription, que le plus souvent, pour arriver à cette formalité, les frais eussent dépassé le capital. Au reste il sera toujours facultatif aux administrateurs du trésor, au moyen d'un titre, de prendre inscription pour des arrérages plus considérables ou pour des créances d'une autre nature.

Les motifs qui ont fait exclure du privilége sur les meubles, certaines créances énoncées à l'article 2101 c. c., existent pour les exclure du nouvel article 2106. Il n'a pas même paru nécessaire d'y laisser subsister les frais funéraires qui ont d'ailleurs privilége sur les meubles. Le grand motif est toujours le danger de porter atteinte au crédit public ; l'on ne doit admettre des exceptions que le moins possible. Les frais de justice et les arrérages de contributions portent avec eux-mêmes leurs publicité ; l'on ne peut pas en dire autant des frais funéraires.

PAGE 19. (H) Les nouveaux articles 2108 et 2109 sont la conséquence du nouvel article 2094. Combinés ensemble, ils règlent quelques difficultés qui se sont présentées dans la pratique concernant l'époque à laquelle commence le privilége du vendeur, les priviléges éteints au moment de la transcription et les transcriptions partielles.

L'article 2108 c. c. ne fixe aucun délai pour l'inscription du privilége du vendeur, tandis que ce délai est fixé dans le même code pour les héritiers ou copartageans, les architectes, etc., les créanciers et légataires du défunt. De là était née la question de savoir à quelle époque remonte l'effet de l'inscription de privilége du vendeur. Un arrêt de la cour de cassation du 26 janvier 1813 est venu fixer la jurisprudence et a fait remonter cet effet au jour de la vente, pourvu que l'inscription de privilége soit prise dans la quinzaine, qui suit la transcription de cette vente, conformément à l'article 834 c. pr. civ.

Cette difficulté ne peut exister après le principe posé à l'article 2094 base du nouveau système. D'après cet article chacun est censé posséder les immeubles dont la dernière mutation qui n'est que le complément de la transcription, a été opérée sur sa tête. Dès lors, l'inscription de privilége ne peut devenir nécessaire qu'au moment où l'ancien propriétaire sera dépouillé légalement et il ne le sera que par la transcription de l'acte d'aliénation par lui consentie, transcription qui entraîne avec elle l'inscription d'office du privilége, ce qui est l'objet du nouvel article 2109.

Il eût peut-être paru plus simple, puisque le nouveau système charge les receveurs-conservateurs des formalités hypothécaires, de les *obliger* à remplir ces formalités au moment de l'enregistrement. C'eût été bien sans doute, lorsque les immeubles objet de la convention eussent été situés dans l'étendue du bureau où a lieu l'enregistrement. Mais, comment faire pour les autres cas ? obliger les receveurs-conservateurs à correspondre entr'eux, eût été faire dépendre leur responsabilité, d'un oubli ou d'une erreur de la poste ou de toute autre cause indépendante de leur propre fait. Par la même raison, l'on ne pourrait en charger le notaire qui a reçu l'acte. Il a paru plus simple de laisser cette responsabilité aux parties, mais de les intéresser à faire remplir le plutôt possible les formalités hypothécaires. Ce but paraît atteint, en autorisant les créanciers de l'ancien propriétaire, même pour des créances postérieures à l'acte d'aliénation, à prendre des inscriptions sur l'immeuble aliéné, jusques au moment de la transcription. Ce droit n'est au reste pas nouveau, puisqu'il existe déjà pour la donation qui n'est qu'un mode d'aliénation.

PAGE 19. (I) Il était indispensable de faire une exception en faveur du légataire et du créancier du défunt ; le premier, pour être avisé et prendre connaissance du testament qui contient le legs. Il n'y aurait peut-être pas autant de raison pour être aussi favorable au créancier du défunt ; néanmoins, il peut être surpris par la mort inopinée de son débiteur sur la solvabilité duquel il comptait, tandis que les héritiers de ce dernier ne lui offrent pas la même garantie. Il est convenable de lui accorder un temps moral pour se procurer un titre produisant hypothèque, avec d'autant plus de raison qu'il est bien juste que les créanciers des héritiers ne considèrent les biens nouvellement échus à leurs débiteurs comme leur gage, que jusques à concurrence seulement de ce qui reste après avoir déduit les charges qui les grèvent du chef de leur auteur ou ancien propriétaire. *Non comptantur bona nisi deducto ære alieno.*

Mais, d'autre part, le nouveau système hypothécaire ayant pour but d'augmenter le crédit public, il convient de restreindre autant que possible, la faculté de se dérober à la publicité proclamée en principe général par l'art. 2094. Aussi a-t-il paru nécessaire de limiter cette faculté au délai de 40 jours qui est te plus long délai accordé pour la surenchère. Par ce moyen, le même délai suffira au nouvel acquéreur pour se mettre à l'abri de toutes recherches à raison de l'immeuble par lui acquis; et tout créancier de l'héritier n'aura que le même délai à attendre pour connaître les priviléges qui le priment du chef du défunt. Au reste, le plus souvent, les deux priviléges qui font exception à la règle générale ne sont pas à redouter, car il sera bien facile de savoir si un immeuble dérive d'une succession ouverte depuis moins de quarante jours.

Néanmoins, le même art. 2110 prévoyant le cas où le créancier, ou le légataire du défunt n'auraient pas eu le temps dans les 40 jours qui suivent l'ouverture de la succession, de faire inscrire leur privilége, les autorise à le conserver par la transcription de la demande en séparation de patrimoine faite dans le même délai, pourvu qu'elle soit suivie de l'inscription de privilége dans un pareil délai après l'enregistrement du titre qui autorise le privilége.

Ainsi, deux articles seulement du nouveau système dérogent à la règle générale de publicité posée par le nouvel art. 2094. Ce sont les art. 2106 et 2110. Le premier dispense de l'inscription les priviléges exceptionnels résultant des frais de justice ou du trésor public pour arrérages de contributions; le deuxième se borne à accorder un délai pour l'inscription d'un autre privilége exceptionnel accordé aux créanciers ou aux légataires du défunt, mais seulement à l'égard des créanciers de l'héritier.

PAGE 19. (J) Les définitions données dans l'art. 2117 c. c., à l'hyp que légale et à l'hyp. judiciaire, sont telles qu'on ne peut les distinguer l'une de l'autre. Par le fait, elles sont toutes les deux des hypothèques légales; néanmoins, d'une nature bien différente, soit sous le rapport de la cause qui les produit, soit sous celui de leur manière d'exister. En effet, le code civil fait résulter l'hypothèque légale de toute espèce de titre qu'il n'est pas même nécessaire de rappeler dans l'inscription, tandis que l'hypothèque judiciaire ne peut résulter que d'un jugement qui est un acte authentique. Cette dernière hypothèque ne peut avoir d'effet que par l'inscription, tandis que l'hypothèque légale en est dispensée. L'on ne peut renoncer entièrement à celle-ci tant que son effet devient nécessaire, tandis que l'on peut toujours renoncer à l'autre.

La nouvelle définition donnée à ces deux hypothèques paraît plus conforme à la nature de chacune d'elles. L'on a ajouté à celle de l'hypothèque légale, qu'elle est le complément du titre qui la produit. Et en effet, le nouvel art 2124, porte que l'acte de libération donnant naissance à l'hypothèque légale ne pourra être opposé à des tiers, si l'inscription de cette hypothèque n'a pas été requise.

L'on prétend que l'on devrait supprimer l'hypothèque judiciaire, par la raison que c'est accorder à un acte prive plus de faveur que les parties n'en ont attaché. Mais celui qui souscrivait un simple billet savait très-bien qu'avec ce titre, la loi autorisait son créancier à poursuivre un jugement et ensuite à prendre inscription. Supprimer cette faculté au créancier, ou supprimer l'hypothèque judiciaire, c'est supprimer du même coup les obligations sous seing privé et obliger les parties, même pour des sommes minimes, à recourir à un notaire, ce qui n'est pas toujours possible. Un créancier très-ancien en titre privé qu'il aurait même fait reconnaître par un jugement, se verrait condamner à n'avoir aucune action sur les immeubles de son débiteur, tandis que ce dernier pourrait valablement consentir des hypothèques à des créanciers postérieurs.

L'on ne voit pas ce que le crédit public pourrait gagner à cela. Pour lui donner de l'extension, il faut le rendre aussi facile qu'économique et accorder au créancier les moyens les plus larges pour assurer sa créance.

PAGE 20. (K) Les art. 2136 et suivans du code civil mettent l'inscription de l'hypothèque légale à la charge ou aux soins des maris, tuteurs, subrogés tuteurs, ministère public, parens ou amis de l'incapable. Or, il est arrivé le contraire de ce que le législateur avait prévu. Pour avoir voulu entourer le faible de trop de protecteurs, il s'est trouvé le plus souvent sans aucun, par la raison que chacun en a laissé le soin à un autre. Il eût mieux vallu n'en désigner qu'un et le rendre sérieusement responsable. L'on a proposé de mettre l'inscription de l'hypothèque légale à la charge du notaire qui aurait reçu l'acte constituant l'hypothèque; mais, la loi actuelle ne rend pas la forme notariée obligatoire pour la validité de la libération qui donne naissance à cette hypothèque, et alors qui demeurera chargé de l'inscription des hypothèques légales résultant de quittances privées? L'on a encore proposé d'en charger les juges de paix ; mais comment auront-ils connaissance de tous les actes privés ou publics donnant naissance à l'hypothèque légale ? Il a paru plus simple et plus convenable d'en charger la personne qui se libère de la somme donnant lieu à cette hypothèque et de faire de son inscription une condition de la validité de sa libération. Cette démarche lui sera facile et non seulement l'intérêt des incapables ne pourra par ce moyen, rester en souffrance un seul instant, mais aucune somme donnant droit à hypothèque légale ne pourra échapper à la publicité.

PAGE 21. (L) Les livres cadastraux devant être à l'avenir, par le système proposé, en quelque manière l'état civil des propriétés immobilières et indiquer toutes les mutations et charges hypothécaires, il était indispensable d'établir une manière uniforme de désigner ces immeubles dans les actes, afin de pouvoir les reconnaître parfaitement sur les livres cadastraux et faire dans ces livres les annotations convenables.

C'est à cet effet, que le nouvel art. 2137 exige qu'en général dans tous les actes donnant droit à mutation immobilière, privilége ou hypothèque, les immeubles soient désignés par leur cinq indications cadastrales. Ainsi, les jugemens n'en seront pas dispensés; mais la chose sera facile, puisque l'art. 4 de la loi proposée soumet à ces mêmes désignations tous les actes judiciaires et par conséquent les exploits d'huissier.

Le même art. exige en outre pour *les actes notariés* ayant trait à mutation immobilière, privilége ou hypothèque, qu'ils contiennent élection de domicile de la part des parties dans un lieu quelconque situé dans l'étendue du bureau où doivent avoir lieu les formalités hypothécaires, si les parties n'y demeurent pas. Cette élection de domicile de la part des parties est indispensable pour l'accomplissement de certaines formalités hypothécaires, telles que celles désignées au nouvel art. 833 du code de procéd. civ

PAGE 22. (M) En autorisant les formalités hypothécaires sur la simple présentation de la minute, le Fisc perdra le débit de quelques feuilles de papier timbré pour les expéditions des actes; mais le crédit public y gagnera et d'ailleurs la compensation pourra résulter d'un plus grand nombre de formalités hypothécaires à cause d'une plus grande facilité accordée pour les accomplir.

PAGE 23. (N) L'art. 2182 du code civil établit que le vendeur ne transmet avec l'immeuble que les mêmes charges qui le grèvent au moment de l'aliénation ; ce qui veut dire que les charges qui arrivent plus tard en sont exclues.

Le nouvel art. 2148 admet un principe contraire et rend valables contre un tiers-détenteur, les nouvelles charges imposées sur l'immeuble aliéné, jusques au moment de la transcription ; c'est toujours la conséquence du nouvel art. 2094 base du nouveau système. Et en effet, le crédit foncier ne peut exister sérieusement sans donner la plus grande facilité pour reconnaître les charges qui grèvent la propriété. Il a fallu pour cela admettre en principe que pour toute espèce d'aliénation, il n'y a que la transcription qui rende réellement propriétaire à l'égard des tiers. Par une conséquence nécessaire, l'ancien propriétaire n'est réellement dépouillé, aussi à l'égard des tiers, que par la même publicité donnée au nouveau titre de propriété. C'est le seul moyen de faire connaître à ceux qui auraient traité avec l'ancien propriétaire, qu'ils ne peuvent plus compter sur la garantie de l'immeuble aliéné. S'ils ont traité sur les apparences, trompeuses si la vérité, de l'existence d'une propriété sur la tête de l'ancien propriétaire, ces conventions doivent être respectées, tantpis pour le nouveau propriétaire de n'avoir pas donné de la publicité à son titre en le fesant transcrire.

PAGE 24. (O) Un immeuble peut être hypothéqué et vendu le même jour ; les formalités de l'inscription et de la transcription requises en même temps. Quel serait le sort de cette inscription, si le créancier n'avait pas un certain délai pour prendre son inscription, même après la transcription ? La difficulté serait d'autant plus grande. que la loi défend aux conservateurs de distinguer les opérations du matin de celles du soir.

D'autre part, l'on ne doit pas laisser le nouveau propriétaire dans l'incertitude et lui donner la facilité de se libérer valablement de son prix, alors surtout qu'il a vérifié que l'immeuble par lui acquis était franc d'hypothèques inscrites et de toutes autres actions. Voilà pourquoi, dans le nouvel art. 2149, la validité de cette inscription tardive a été subordonnée au cas où le nouvel acquéreur se trouverait encore nanti du prix au moment de la notification de cette inscription.

PAGE 24. (P) Le nouvel art. 2153, autorise la collocation de cinq annuitées d'intérêt, au lieu de deux, au même rang que le capital, afin d'éviter des frais d'inscription trop multipliées et faire concorder ces arrérages avec leur prescription portée à l'art. 2277 c.c.

PAGE 24. (Q) L'inscription des quatre premiers priviléges énoncés à l'art. 2103; c'est-à-dire, ceux des anciens propriétaires sur l'immeuble aliéné, n'ayant eu lieu que d'office, et celle de l'hyp. légale n'ayant été requise que par une personne non intéressée à sa conservation, ne pas dispenser ces inscriptions de renouvellement, c'eût été les anéantir entièrement et rendre de nul effet la prévoyance de la loi en faveur du faible. D'ailleurs, l'acte qui fera cesser ces hypothèques pourra également faire cesser leurs inscriptions. Il n'y a pas les mêmes motifs pour dispenser de renouvellement les autres inscriptions hypothécaires, parce qu'en général ces hypothèques s'éteignent naturellement dans les dix ans, par le payement, la compensation, la novation ou autres causes énoncées à l'art. 1234. Les dispenser de la formalité du renouvellement, ce serait les soumettre à celle de la radiation qui est encore plus coûteuse.

La durée de l'action en résolution étant illimitée, devient un droit exorbitant qui gêne dans les transactions. En la limitant à dix ans, si le créancier laisse prescrire son action, il ne devra l'imputer qu'à sa négligence.

PAGE 26. (R) Le système proposé fait disparaître une question qui a divisé les auteurs, à savoir si l'acquéreur, pour purger l'immeuble par lui acquis des charges qui le grèvent, doit faire transcrire non seulement son propre contrat, mais encore ceux des précédens propriétaires qui n'auraient pas été transcrits. Il est évident qu'il faudra faire transcrire aussi tous les contrats intermédiaires depuis le dernier titre transcrit ; c'est-à-dire depuis la dernière mutation cadastrale qui est d'après le nouveau système, le complément de la transcription. Ce n'est en effet que par cette transcription ou mutation cadastrale, que les créanciers de ces propriétaires intermédiaires, inscrits pour des biens à venir, peuvent apprécier l'étendue de leur hypothèque. Le décider autrement, ce serait rendre de nul effet, par exemple, les hypothèques légales dont l'inscription est dispensée de spécialité ; puisque le grevé de cette espèce d'hypothèque n'aurait qu'à ne pas faire transcrire son tire d'acquisition et faire opérer la mutation cadastrale de l'immeuble grevé, de la tête du précédent propriétaire directement sur celle d'un sous acquéreur. Un autre motif d'exiger la transcription des contrats intermédiaires est, que le nouveau système fesant des livres cadastraux en quelque manière l'état civil des propriétés immobilières, il ne conviendrait pas de laisser des lacunes dans la succession des titres de propriété, ni dans les mutations cadastrales qui n'en sont que les effets.

PAGE 26. (S) Le nouvel acquéreur ayant la faculté de se libérer sur un prix plus élevé que celui porté dans son titre, ou à des époques plus rapprochées, l'on pourra souvent obtenir le même résultat de la surenchère et en économiser les frais.

La loi actuelle parait injuste de contraindre le nouveau propriétaire à devancer non seulement les époques de payement qu'il avait stipulé avec l'ancien propriétaire, mais encore celles que ce dernier avait pu stipuler avec ses créanciers ; car l'art. 2184 c. c. dit : « exigibles ou non » Le créancier préférera souvent se contenter des termes qu'il avait stipulé avec son débiteur et accepter les autres propositions du nouveau propriétaire, plutôt que de s'exposer à un délaissement et à toutes ses conséquences.

PAGE 26. (T) L'on a supprimé dans cet article tout ce qui concerne le détail de la procédure, détail qui doit se trouver de préférence dans le code de procédure civile dont on propose également la réforme en ce qui concerne la surenchère sur aliénation volontaire.

Les motifs qui font proposer le renvoi de la surenchère devant notaire, sont développés ci-après dans les observations concernant l'article 833 du code de procédure civile.

PAGE 27. (U) L'art. 2168 c. c. ne laisse au tiers-détenteur qui a négligé de dénoncer son titre dans le délai qui lui est accordé, que l'alternative de payer toutes les dettes inscrites, ou de délaisser l'immeuble hypothéqué. Payer toutes les dettes, serait souvent ruineux pour le tiers-détenteur ; délaisser l'immeuble peut être aussi préjudiciable aux créanciers qu'au tiers-détenteur. L'on a pensé qu'il serait plus convenable aux intérêts des uns et des autres, de laisser encore au tiers-détenteur la faculté de dénoncer son titre. Il sera déjà assez puni de sa négligence par les frais qui auront été dirigés contre lui et pour lesquels toute répétition lui est interdite.

PAGE 27. (V) Le nouvel art. 2186 met des conditions au délaissement. Sans cela, un acquéreur trompé dans ses espérances aurait presque toujours le moyen de délaisser et de rendre illusoires les démarches faites par son vendeur pour se libérer de ses dettes ; car-il est rare qu'un immeuble soit libre de toute hypothèque.

PAGE 28. (X) Le nouvel art. 2194 diffère des articles 2178 et 2191 c. c., par les motifs que si le tiers-détenteur a eu connaissance par son titre que l'immeuble qu'il acquerrait était grevé d'hyp^que, il a connu par là le danger d'être dépossédé par une surenchère ; et dès-lors, il ne peut prétendre à aucune indemnité, même pour le cas où il aurait payé un excédent de prix pour devenir adjudicataire.

Dans le cas où on lui a laissé ignorer l'existence des hypothèques, il est encore juste de limiter les dommages à ceux qu'il aurait réellement éprouvé par suite de l'éviction ; par la raison qu'il restait libre de ne pas surenchérir et que le principal débiteur ne gagne rien à la détermination prise par le tiers-détenteur de surenchérir, puisqu'il est obligé de faire un remboursement à ce dernier.

PAGE 28. (Y) Le nouvel art. 2195 ne s'écarte de l'art. 2480 c. c. qu'en ce qui suit :

1° La transcription exigée par l'art. 2180, pour prescrire l'hypothèque, est aussi exigée pour prescrire la propriété lorsqu'il y a titre et bonnefoi : tandis que l'art. 2265 c. c. est muet à cet égard. Cette obligation de faire transcrire son titre, afin de pouvoir opposer la prescription n'est, aureste, qu'une conséquence du nouvel art. 2094, basé dn nouveau système, qui exige cette formalité pour rendre en général un titre opposable aux tiers, tandis que cette obligation n'est imposée par le code civil que pour les donations, article 941 ;

2° L'art. 2180 c. c. fait dépendre la prescription de l'hypothèque de la simple transcription qui peut bien souvent être ignorée du créancier. Il a paru convenable d'ajouter l'obligation de dénoncer le titre aux créanciers. Si après cette dénonce, le créancier ne donne pas suite à son hypothèque, il ne devra l'imputer qu'à sa négligence ;

3° Enfin, le même art. rétablit l'action en déclaration d'hypothèque pour interrompre la prescription, ce moyen peut quelquefois moins répugner au créancier, que les longues poursuites de surenchère et d'ordre.

PAGE 28. (Z) L'art. 2196 c. c. n'autorise pas la connaissance visuelle des livres hypothécaires mais, puisque l'art. 23 de la loi du 25 ventose an 11, oblige les notaires à donner connaissance de leurs actes aux parties intéressées, pourquoi exigerait-on, en matière d'hypothèque, la levée de certificats inutiles, alors qu'une simple vue serait suffisante ? D'ailleurs, l'intérêt des parties pourrait souffrir bien souvent du retard apporté à la délivrance des certificats.

Page 28. (a) Le taux des amendes a été réduit. La crainte d'être exposés à des dommages considérables est déjà bien suffisante, pour obliger les Receveurs-conservateurs à se conformer aux prescriptions de la loi.

Page 29 (b) Il est mieux dans l'intérêt des créanciers et de leur débiteur, que les enchères sur aliénation volontaire soient faites devant notaire et autant que possible sur les lieux, et non devant le tribunal comme le veut la loi actuelle. Il y aurait plus de facilité pour trouver un plus grand nombre d'enchérisseurs et les frais seraient notablement diminués, puisqu'il ne serait pas nécessaire du ministère d'avoués. Les ventes de biens de mineurs étant renvoyées devant notaire, pourquoi n'y renverrait-on pas celles de surenchère sur aliénation volontaire ? L'on peut objecter que la surenchère étant un moyen violent pour déposséder le tiers-détenteur, il est nécessaire qu'elle émane de l'autorité judiciaire. Mais, le notaire commis à l'adjudication est le mandataire du tribunal; le tiers-détenteur de même que les autres parties intéressées ont la faculté de surveiller les formalités et d'en poursuivre les irrégularités en justice; enfin, le tiers-détenteur résiste bien rarement à la prise de possession de l'adjudicataire et dès-lors il parait plus convenable et plus conforme à l'intérêt de toutes les parties que les enchères aient lieu devant notaire.

Page 29. (c) Dans la nouvelle rédaction de l'art 833, l'on a eu en vue l'économie des frais inutiles. Ainsi, point d'assignation pour la réception de la caution : par suite point de jugement. Il est rare en effet que la caution soit contestée à cause de la ressource de la folle-enchère ; et

d'ailleurs, si elle l'est l'art. 874 fixe un délai pour cela.

L'on a pensé égalemement que la même notification pouvait tenir lieu de la sommation à l'ancien et au nouveau propriétaire de se trouver présens aux enchères. Ils seront suffisamment avertis du jour de l'adjudication, par la désignation qui leur en sera faite dans la notification de surenchère suivie de l'apposition des placards.

Page 30. (d) Le nouvel art. 838 ne dit pas comme l'art. 838 c. pr. c., que les art. 701, 707, 711, 712, et 713 sont applicables à la surenchère et en voici les motifs :

1° L'art. 701, puisque le nouvel article 2180 c. c. dit que les frais de surenchère sont avancés par l'adjud^re et déduits, d'après la taxe, du montant de l'adjudication. D'autre part, l'art. 836 n° 6 du c. de pr. civile exige que les placards annonçant la surenchère indiquent au public le montant de la surenchère et des autres charges imposées à l'adjudicataire. Ainsi, il y a publicité suffisante et tous les droits sont sauvegardés.

2° Les art. 707 et 711, puisqu'il n'est pas nécessaire du ministère d'avoués pour faire les enchères.

3° L'art. 712, puisqu'il se trouve compris dans le nouvel article 838 6e alinéa.

4° Enfin, l'art. 713, puisqu'il se trouve compris dans le même art. 838, sauf ce qui concerne l'obligation imposée à l'adjudicataire de produire sa quittance des charges de l'adjudication avant d'en obtenir expédition. Cette précaution devient inutile, puisque l'adjudicataire est obligé avant de se mettre en possession, d'offrir les frais dûs au tiers-détenteur ; et que quand aux frais de surenchère, le notaire en est déclaré responsable s'il délivre à l'adjudicataire l'expédition du verbal d'adjudication avant l'acquittement de ces frais.

TABLEAU DE CONCORDANCE DES ARTICLES DES CODES AVEC CEUX DU PROJET.

ART. du Code civil.	ART. du Projet.	ART. du Code civil.	ART. du Projet.	ART. du Code civil.	ART. du Projet.	ART. du Code civil.	ART. du Projet.	ART. du Code civil.	ART. du Projet.	ART. du Code P. C.	ART. du Projet.
2092		2114	2112	2140	2125	2159	2164	2182	2148		832
2093	2092	2115	2114	2141	2126	2160				832	833
2094		2116	2115	2142		2161	2165	2183	2176		834
		2117	2116	2143	2170	2162	2166		2177		
2095	2097	2118	2117	2144	2171	2163	2167	2184	2177	833	835
2096	2098	2119	2118	2145	2172	2164	2168	2185	2178		
2097	2099	2120	2119	2146	2140	2165	2169	2186	2192	834	2149 code c.
2098	2101	2121	2121		2154	2166	2175	2187	2178		
2099	2093	2122	2122	2147	2152	2167	2182	2188	2180	835	2175 code c.
2100	2100	2123	2127	2148	2141	2168	2184	2189			
2101	2101	2124	2128		2142	2169	2182	2190	2181	836	836
2102	2102	2125	2129	2149	2143	2170	2183	2191	2194		
2103	2103	2126	2130	2150	2146	2171			2177	837	833
	2105	2127	2094		2147	2172	2186	2192	2179		
2104	2106	2128	2131	2151	2153	2173	2187				
2105		2129	2132	2152	2155	2174	2188	2193	Abrogés par	838	837
2106	2107	2130	2133	2153	2142	2175	2189	2194			838
2107	2106	2131	2134	2154	2156	2176	2190	2195	2124		
2108	2108	2132	2135	2155	2150	2177	2191	2196	2196		
	2109	2133	2136		2158	2178	2194	2197	2197		
2109		2134	2420	2156	2457	2179	2176	2198	2198		
2110	2110	2135		2157	2460			2199	2199		
2111		2136			2164	2180	2459	2200	2200		
		2137	2124		2437		2173	2201	2201		
2112	2104	2138		2158	2111		2495	2202	2202		
2113	2111	2139			2147	2181	2094	2203	2203		
							2446				

TABLE.

NOMS, PRÉNOMS, PROFESSION et DEMEURE des Propriétaires.	NUMÉRO DU PLAN			QUARTIERS ou Lieux-dits.	NATURE des PROPRIÉTÉS.	CONTENANCE.		CLASSES.	REVENU.	NUMÉROS DES LIVRES HYPOTHÉCAIRES SE RAPPORTANT AUX PARCELLES VIS-A-VIS. *(Les numéros du Livre-de-Transcription sont en noir ; ceux du livre des Inscriptions en rouge.)*
	1er Arpent. de 18..	2e Section de 1834.	3e Section de 1901.			Hectares. Ares.	Cent.		F. C.	
DUTUY François, propriétaire à Vapat.	111	131		Séran.	Terre.	29	46	1. 2.	5. 40	233. ... 3034. 1234
id.	112	132		id.	Vigne.	1	13	11	3. 13. 36	235. ... 3034. 1234
id.	113	133		id.	Pré.		80	2.	3. 13	235. ... 3034. 1234
LABOCHE Pierre, propriétaire à Levilloise.	2..	101		La Contancine.	Terre.	32	60	2. 3. 4.	8. 11	312. 266. ... 1306.
DUPUY François, propriétaire à Vapat.	321	302		id.	Lande.	2	36	29	4. 3. 48. 00	312. 266. ... 1306.
	321	302		St. Vizals.	Terre.	67	91	3.	6. 00	402. ...

NOMS, PRÉNOMS, PROFESSION et DEMEURE des Propriétaires.	ANNÉE du la MUTATION		INDICATION.				CONTENANCE.			REVENU.		PORTION de la Matrice où sont écrits et dé placés par ordre les noms des comptes des propriétaires.	NUMÉROS DES LIVRES HYPOTHÉCAIRES SE RAPPORTANT AUX PARCELLES VIS-A-VIS.
			N° DU PLAN		DES QUARTIERS ou lieux-dits.	DE LA NATURE de la Propriété.	Hect.	Ares.	Cent.	PAR PARCELLE.	TOTAL.		
	de la	de la	1er 18..	2e 1834	3e 1901								
DUPUY	1845.	A.	111	131		Séran.	Terre.	29	46	1. 2.	5. 40	33. 92	82	233. 3034. 1234
Précédent.			112	132		id.	Vigne.	1	13	11	3.	13. 36	82	331. 3034. 1234
Propriétaire à Vapat.			113	133		id.	Pré.		80	2.	3. 13	82	339. 3034. 1234
	1817		321	302		St. Vizals.	Terre.	67	91	3.	6. 00	23	402.

www.ingramcontent.com/pod-product-compliance
Lightning Source LLC
Chambersburg PA
CBHW071432200326
41520CB00014B/3665